3年生

10分《ぷん》で読《よ》める伝《でん》記《き》

監修 塩谷京子

Gakken

もくじ

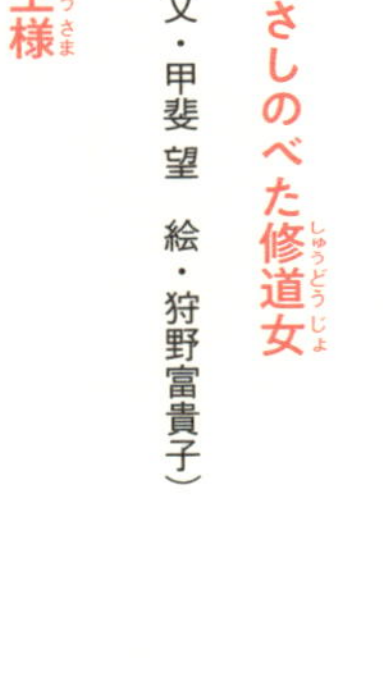

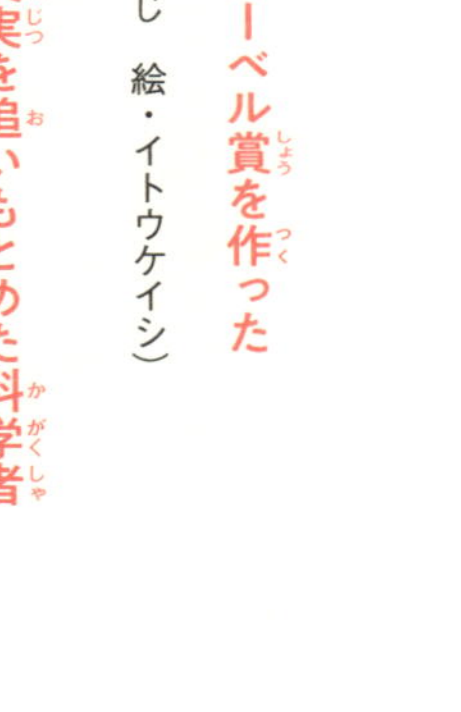

平和《へいわ》への
ねがいをこめて
ノーベル賞《しょう》を
作《つく》った

ノーベル

文・鶴川たくじ
絵・イトウケイシ

毎年《まいとし》十月《がつ》、「ノーベル賞《しょう》」の受賞者《じゅしょうしゃ》が発表《はっぴょう》されると、大《おお》きなニュースになります。人類《じんるい》の進歩《しんぽ》や世界《せかい》の平和《へいわ》にもっともつくした人《ひと》におくられる、最高《さいこう》にめいよな賞《しょう》だからです。この賞《しょう》は、一人《ひとり》の発明《はつめい》家《か》の平和《へいわ》へのねがいから生《う》まれたものです。では、ノーベル賞《しょう》に名《な》前《まえ》をのこすノーベルとは、どんな人《ひと》だったのでしょうか。

アルフレッド・ノーベルは、一八三三年《ねん》にスウェーデンのストックホルムで生《う》まれました。家族《かぞく》は、けんちく家《か》で発明家《はつめいか》のお父《とう》さんと、お母《かあ》さん、ロベルトとルードビッヒという名《な》の二人《ふたり》のお兄《にい》さんがいました。

しかし、お父《とう》さんがけんちくの仕事《しごと》でしっぱい。ノーベルが四歳《さい》のとき、発明品《はつめいひん》を売《う》りこみに、一人《ひとり》で外国《がいこく》に行《い》ってしまいました。

ふたたび家族《かぞく》が集《あつ》まったのは五年後《ねんご》。場所《ばしょ》はロシアのサンクトペテルブルクでした。

お父《とう》さんはこの町《まち》で、ロシア軍《ぐん》におさめる地雷《じらい》や機雷《きらい》などの兵器《へいき》を作《つく》る仕事《しごと》をして、大《だい》せいこうしていたのです。

地雷《じらい》は、地面《じめん》にうめて、兵士《へいし》や戦車《せんしゃ》がふれると爆発《ばくはつ》する爆弾《ばくだん》です。機雷《きらい》は、水中《すいちゅう》に仕《し》かける爆弾《ばくだん》で、船《ふね》がふれると爆発《ばくはつ》します。

お父《とう》さんは、息子《むすこ》たちを工場《こうじょう》につれていって、火薬《かやく》の作《つく》り方《かた》を見《み》せたり、爆発《ばくはつ》の仕組《しく》みを説明《せつめい》したりしました。

お父《とう》さんの考《かんが》えたいろいろな発明《はつめい》品《ひん》を見《み》るのはとても楽《たの》しくて、まもなくノーベルは、兄《にい》さんたちといっしょに工場《こうじょう》に入《い》りびたるようになりました。おかげで、十六歳《さい》になるころには、工場《こうじょう》の仕事《しごと》を一《ひと》とおりおぼえてしまいました。

ノーベルは勉強《べんきょう》もしっかりやりました。学《がっ》校《こう》には通《かよ》いませんでしたが、家庭教師《かていきょうし》から化《か》学《がく》、数学《すうがく》、れきし、語学《ごがく》を学《まな》びました。

ノーベルは外国語《がいこくご》をおぼえるのがとくいで、ロシア語《ご》だけでなく、フランス語《ご》、英語《えいご》、ドイツ語《ご》もおぼえてしまいました。

その勉強《べんきょう》の中《なか》で、小説《しょうせつ》や詩《し》を読《よ》む楽《たの》しさも知《し》りました。

中《なか》でもいちばんすきになったのが、イギリスの詩人《しじん》、シェリーの詩《し》でした。その詩《し》には、うっとりするほど美《うつく》しいひびきがありました。

また、詩《し》の中《なか》に見《み》られる、人《ひと》びとの平和《へいわ》と幸福《こうふく》を目指《めざ》すシェリーの考《かんが》え方《かた》にも、大《おお》きなえいきょうを受《う》け、自分《じぶん》も詩人《しじん》になりたいと思《おも》ったほどでした。

けれども、体《からだ》は二つないので、十九歳《さい》になったノーベルは、お父《とう》さんの工場《こうじょう》ではたらくことに決《き》めました。

実《じつ》は、はじめて地雷《じらい》の爆発実験《ばくはつじっけん》を見学《けんがく》したとき、ノーベルはふきとぶわら人形《にんぎょう》を見《み》て、

「もし、これが本物《ほんもの》の兵士《へいし》だったら……。」

と、おそろしくなったことがあります。

そのとき、お父《とう》さんはこう言《い》いました。

「地雷《じらい》も機雷《きらい》も、こうげきして人《ひと》をころすための兵器《へいき》ではない。自分《じぶん》の国《くに》を守《まも》るためのものなんだ。仕《し》かけておけば、てきはおそれて入《はい》ってこないだろう。だから、人《ひと》が死《し》ぬことはあまりないんだよ。」

その言葉《ことば》を聞《き》いて安心《あんしん》したノーベルは、この仕事《しごと》も、やりがいのあるだいじなものだと思《おも》うようになりました。

父《ちち》と三兄弟《きょうだい》がそろった工場《こうじょう》の仕事《しごと》は順調《じゅんちょう》でした。

一八五三年《ねん》にロシアがトルコと戦《せん》争《そう》を始《はじ》めると、軍《ぐん》からの地雷《じらい》や機雷《きらい》の注文《ちゅうもん》がふえて、工場《こうじょう》は、ますますいそがしくなりました。

ところが、一八五六年《ねん》に戦争《せんそう》が終《お》わると、軍《ぐん》からの注文《ちゅうもん》がぱったりこなくなりました。三年後《ねんご》に工場《こうじょう》はつぶれ、一家《いっか》はまたばらばらになってしまいました。両親《りょうしん》は、ロシアで生《う》まれた弟《おとうと》のエミールとスウェーデンに帰《かえ》り、ロベルトとルードビッヒ、ノーベルは、ロシアで仕事《しごと》をつづけることになりました。

そして、仕事《しごと》がへって自由《じゆう》な時間《じかん》ができたノーベルは、新《あたら》しい爆《ばく》薬《やく》の研究《けんきゅう》に取《と》りかかりました。

その爆薬《ばくやく》は「ニトログリセリン」といい、油《あぶら》のようなえき体《たい》で、今《いま》までの爆薬《ばくやく》よりはるかに強《つよ》い爆発力《ばくはつりょく》があります。ところが、うまく爆発《ばくはつ》させるのが大変《たいへん》むずかしいのです。

「こいつは、少《すこ》しのショックで爆発《ばくはつ》するくせに、火《ひ》をつけると、爆《ばく》発《はつ》しないで、もえるだけ。いったい、どうすればいいのか……。」

三年後《ねんご》の一八六二年《ねん》、ノーベルはついに答《こた》えを見《み》つけました。はじめに、導火線《どうかせん》をつけた火薬《かやく》で小《ちい》さな爆発《ばくはつ》を起《お》こし、そのショックでニトログリセリンを爆発《ばくはつ》させるのです。この方法《ほうほう》は「起爆原理《きばくげんり》」といって、今《いま》でも用《もち》いられる大発明《だいはつめい》でした。

次《つぎ》の年《とし》、ノーベルはスウェーデンに帰《かえ》って工場《こうじょう》をたて、「油状爆《ゆじょうばく》薬《やく》」と名《な》づけた新《あたら》しい爆薬《ばくやく》を作《つく》りはじめました。シェリーの詩《し》が大《だい》すきだったように、もともと平和《へいわ》を愛《あい》するノーベルは、油状爆薬《ゆじょうばくやく》が人類《じんるい》の進歩《しんぽ》に役立《やくだ》つ、平和《へいわ》な仕事《しごと》に使《つか》われることをねがいました。

「この爆薬《ばくやく》は、新《あたら》しい鉄道《てつどう》や道路《どうろ》をつくるときに、じゃまになる大《おお》きな岩《いわ》をくだくのに使《つか》えるぞ！ トンネルほりや、鉄鉱石《てっこうせき》や石炭《せきたん》をほるのにも、すごく役《やく》に立《た》つはずだ。」

すると、たちまち油状爆薬《ゆじょうばくやく》は、いろいろな鉱山《こうざん》や鉄道会社《てつどうがいしゃ》、けんちくの会社《かいしゃ》で使《つか》われるようになりました。

ところが、この爆薬《ばくやく》には「ゆれに弱《よわ》い」という大《おお》きな欠点《けってん》がありました。あつかい方《かた》をまちがえてゆらしてしまうと、すぐに爆発《ばくはつ》してしまうのです。そのため、各地《かくち》で爆発事故《ばくはつじこ》が起《お》こり、多《おお》くの死者《ししゃ》も出《で》てしまいました。その中《なか》には、なんということでしょう、ノーベルの弟《おとうと》エミールもふくまれていました。

ノーベルは愛《あい》する弟《おとうと》をうしない、悲《かな》しみながらも、歩《あゆ》みを止《と》めませんでした。

「わたしの発明《はつめい》はまちがいではない。世《よ》の中《なか》の進歩《しんぽ》や人《ひと》びとの幸福《こうふく》の役《やく》に立《た》つんだ。だから、この仕事《しごと》はぜったいにやめちゃいけない。前《まえ》に進《すす》まなければいけないんだ。でも、そのためには、爆発《ばくはつ》事故《じこ》が起《お》きないように、爆薬《ばくやく》をかいりょうしないと……。」

原料《げんりょう》のニトログリセリンが、えき体《たい》だから、ゆれがつたわりやすかったのです。

ノーベルは、ゆれても爆発《ばくはつ》しないように、ニトログリセリンをかためればよいと考《かんが》えました。

そして一八六六年《ねん》、爆薬《ばくやく》のかいりょうにせいこうしました。ニトログリセリンを、軽《かる》くて水分《すいぶん》をよくすいこむ「けいそう土《ど》」という土《つち》にしみこませると、取《と》りあつかいが安全《あんぜん》な爆薬《ばくやく》ができたのです。この新《あたら》しい爆薬《ばくやく》は、「ダイナマイト」と名《な》づけられました。

持《も》ちはこびが安全《あんぜん》なダイナマイトは、世界中《せかいじゅう》の鉱山《こうざん》や工事現場《こうじげんば》で使《つか》われ、油状《ゆじょう》爆薬以上《ばくやくいじょう》の大《だい》ヒット商品《しょうひん》になりました。

けれども、わずか四年後《ねんご》の一八七〇年《ねん》

のことでした。フランスとプロシア（今《いま》のドイツ）との間《あいだ》で起《お》きた戦争《せんそう》で、ダイナマイトが兵器《へいき》として使《つか》われてしまったのです。

「ダイナマイトは人類《じんるい》の進歩《しんぽ》と幸福《こうふく》のために作《つく》ったものなのに、人《ひと》をころす道具《どうぐ》に使《つか》われるなんて……わたしはとんでもないまちがった発明《はつめい》をしてしまったというのか……。」

その後《ご》もダイナマイトは売《う》れつづけ、ノーベルは大金持《おおがねも》ちになりましたが、

ぜんぜんうれしくありません。頭《あたま》にうかぶのは、「平和《へいわ》のために、自分《じぶん》に何《なに》ができるのか」ということばかりでした。

　そして、なくなる前《まえ》の年《とし》の一八九五年《ねん》、自分《じぶん》はもうそんなに長《なが》く生《い》きられないと感《かん》じたノーベルは、ゆいごんじょうを書《か》きました。そこには、自分《じぶん》のざいさんを毎年《まいとし》「人類《じんるい》に対《たい》してもっともこうけんした人《ひと》」にあたえるよう書《か》かれていました。このゆいごんじょうをもとに作《つく》られたのが、ノーベル賞《しょう》なのです。

ノーベルが考《かんが》えた賞《しょう》のしゅるいは、「物理学《ぶつりがく》」「化学《かがく》」「生理学《せいりがく》・医学《いがく》」「文学《ぶんがく》」「平和《へいわ》」の五つ。＊科学《かがく》ばかりにかたよらず、「文学賞《ぶんがくしょう》」も作《つく》ったところに、わかいころ詩人《しじん》にあこがれ、文学《ぶんがく》も人類《じんるい》の進歩《しんぽ》と幸福《こうふく》にかかせないとしんじた、ノーベルらしい考《かんが》えが表《あらわ》れています。

＊一九六九年《ねん》から「けいざい学賞《がくしょう》」がくわわり、ノーベル賞《しょう》のしゅるいは、六つになりました。

アルフレッド・ノーベル（一八三三〜一八九六年《ねん》）

第《だい》一回《かい》ノーベル賞《しょう》の受賞者《じゅしょうしゃ》は

ノーベル賞《しょう》の授賞式《じゅしょうしき》は、ノーベルの命日《めいにち》の十二月《がつ》十日《か》に行《おこな》われます。

一九〇一年《ねん》に行《おこな》われた第《だい》一回《かい》のノーベル賞《しょう》は、X線《エックスせん》の発見《はっけん》で有名《ゆうめい》なレントゲン（物理学賞《ぶつりがくしょう》）や、赤十字《せきじゅうじ》を作《つく》ったデュナン（平和賞《へいわしょう》）などが受賞《じゅしょう》しました。

日本人《じん》としては、二〇一八年《ねん》までに物理学賞《ぶつりがくしょう》十一人《にん》、化学賞《かがくしょう》七人《にん》、生理学《せいりがく》・医学賞《いがくしょう》五人《にん》、文学賞《ぶんがくしょう》二人《ふたり》、平和賞《へいわしょう》一人《ひとり》が受賞《じゅしょう》しています。日本のはじめての受賞者《じゅしょうしゃ》は、物理学者《ぶつりがくしゃ》の湯川秀樹《ゆかわひでき》です。

実験《じっけん》やかんさつによって
真実《しんじつ》を追《お》いもとめた
科学者《かがくしゃ》

ガリレオ

文・こざきゆう
絵・堀口順一朗

一五九〇年《ねん》、イタリアのピサ――この町《まち》にある「ピサのしゃとう」に、たくさんの人《ひと》びとが集《あつ》まっていました。大学《だいがく》の先生《せんせい》をしているガリレオが、これからある実験《じっけん》を行《おこな》うというのです。

ガリレオは、教《おし》え子《ご》の一人《ひとり》にききました。

「ここに大《おお》きさは同《おな》じで、重《おも》さのちがう二つの球《たま》があるね。これを、とうの上《うえ》から落《お》とすと、どうなると思《おも》う?」

「そんなの、重《おも》いほうが早《はや》く落《お》ちるに決《き》まっているじゃないですか。」

「本当《ほんとう》にそうかな、きみはたしかめたのかい。」

「……昔《むかし》のえらい学者《がくしゃ》がそう言《い》ってます。」

そこで、さっそくガリレオが、重《おも》さのちがう球《たま》を落《お》とすと――。

「ああ!　同時《どうじ》に落《お》ちた。」

「そうだろう。えらい人《ひと》が言《い》ったからといって、それがいつも正《ただ》しいとはかぎらないんだ。自分《じぶん》で実験《じっけん》やかんさつをして、たしかめることが大切《たいせつ》だよ。」

ガリレオは子《こ》どものころから、いろいろなことが本当《ほんとう》かどうか、自分《じぶん》で調《しら》べてたしかめないと気《き》がすまないせいかくでした。

ところがこの時代《じだい》、ガリレオのように実験《じっけん》をしてたしかめるような学者《がくしゃ》は、ほとんどいませんでした。学問《がくもん》は頭《あたま》で考《かんが》えるものであり、昔《むかし》の学者《がくしゃ》が言《い》ったことをそのままおぼえるものだったのです。

そんな中《なか》で、ガリレオは実験《じっけん》ばかりしているため、同《おな》じ大学《だいがく》の先生《せんせい》との間《あいだ》でも、けんかがたえませんでした。

「ガリレオくん、なぜ、いだいな学者《がくしゃ》の言《い》うことをしんじないんだ。」

「それなら、なぜ、あなたはその学者《がくしゃ》の言《い》うことを、正《ただ》しいとしんじられるのですか。」

正《ただ》しいと思《おも》ったことは、だまってい

られず、すぐに反対《はんたい》の意見《いけん》を言《い》うので、ガリレオには「けんか屋《や》」というあだ名《な》がつけられたくらいです。

しかし、実験《じっけん》やかんさつによって、新《あたら》しい発見《はっけん》をしていくガリレオは、やがてすぐれた学者《がくしゃ》としてヨーロッパの国《くに》ぐにで、有名《ゆうめい》になっていきました。

そんなある日《ひ》、ドイツの天文学者《てんもんがくしゃ》から、ガリレオのもとに一通《つう》の手紙《てがみ》がとどきました。その手紙《てがみ》には、こう書《か》いてありました――。

『わたしはコペルニクスの地動説《ちどうせつ》が正《ただ》しいと考《かんが》えていますが、ガリレオさんはどう思《おも》いますか。』

――さて、この「地動説《ちどうせつ》」とは、なんでしょう。

ガリレオのいた時代《じだい》には、宇宙《うちゅう》の中心《ちゅうしん》に地球《ちきゅう》があり、そのまわり

をすべての星《ほし》が回《まわ》っているとしんじられていました。これを「天動説《てんどうせつ》」といいます。反《はん》対《たい》に、地球《ちきゅう》やほかの星《ほし》が、太《たい》陽《よう》のまわりを回《まわ》るという考《かんが》えもありました。これが「地動《ちどう》説《せつ》」です。

(うん。わたしも地動説《ちどうせつ》こそが、正《ただ》しいと思《おも》う。地球《ちきゅう》が宇宙《うちゅう》の中心《ちゅうしん》だなんて、勝手《かって》な考《かんが》えだ。)

でも、ガリレオは、世《よ》の中《なか》にうったえることはできませんでした。なぜなら、当時《とうじ》、いちばん強《つよ》い力《ちから》をもっていた教会《きょうかい》が「神《かみ》ははじめに天《てん》と地《ち》をつくり、地《ち》のまわりに太陽《たいよう》、月《つき》、星《ほし》などをちりばめた天《てん》を回《まわ》らせた」と教《おし》えていたからです。つまり、教会《きょうかい》は『天動説《てんどうせつ》こそ正《ただ》しい』と考《かんが》えていたのです。

そして、地動説《ちどうせつ》をとなえた者《もの》は、神《かみ》の教《おし》えに反《はん》するとされ、おそろしいことに、火《ひ》あぶりにされてしまうこともあったのです。

（地動説《ちどうせつ》が正《ただ》しいと言《い》える、わかりやすいしょうこがあれば……。）

このしょうこを見《み》つけるきっかけが、数年後《すうねんご》におとずれました。オランダで、二まいのレンズを重《かさ》ねた「望遠鏡《ぼうえんきょう》」が発明《はつめい》されたのです。

「遠《とお》くのものが見《み》えるのか。これはおもしろい。わたしも作《つく》ってみよう。」

ガリレオは、二週間《しゅうかん》もたたないうちに、さいしょの望遠鏡《ぼうえんきょう》を作《つく》り、その後半年《ごはんとし》をかけて、より遠《とお》くのものが見《み》える望遠鏡《ぼうえんきょう》を作《つく》りました。

そして――。

「ああ！　月《つき》の表面《ひょうめん》はでこぼこしているじゃないか。」

望遠鏡《ぼうえんきょう》で月《つき》をかんさつしていたガリレオは、おどろきました。それまでいわれていた「月《つき》の表面《ひょうめん》はつるつるで、完全《かんぜん》な球体《きゅうたい》である」という説《せつ》と、まったくちがうすがたをしていることがわかったからです。

「やはり、自分《じぶん》の目《め》でかんさつしなければ、真実《しんじつ》はわからない。よし、この望遠鏡《ぼうえんきょう》で、もっといろいろな星《ほし》を調《しら》べてみよう。」

こうしてガリレオは木星《もくせい》を望遠鏡《ぼうえんきょう》で調《しら》べました。

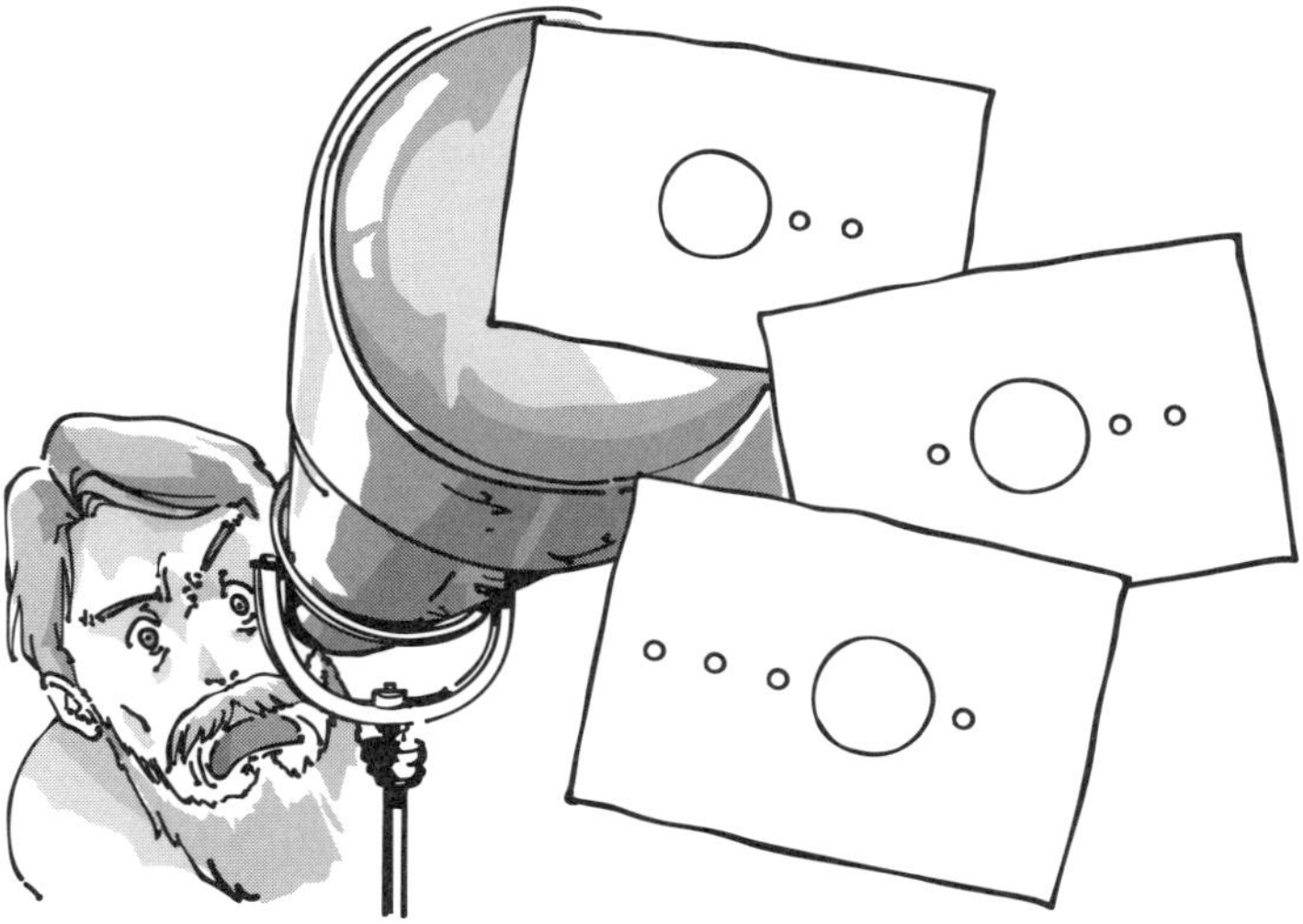

「おや、近《ちか》くに小《ちい》さな星《ほし》があるぞ。いったいなんなのだ。」

「きのうは二つしかなかったのに……今日《きょう》は四つ見《み》えるじゃないか。」

木星《もくせい》の近《ちか》くの星《ほし》は、見《み》るたびに数《かず》をかえ、位置《いち》をかえ、毎日変化《まいにちへんか》していることに気《き》がついたのです。

「位置《いち》がかわるのは、小《ちい》さな星《ほし》が木星《もくせい》のまわりを回《まわ》っているからでは……。数《かず》がかわるのは、星《ほし》が木星《もくせい》の向《む》こうがわにかくれたからにちがいない。」

この発見《はっけん》に、ガリレオはふるえました。天動説《てんどうせつ》では、すべての星《ほし》は地球《ちきゅう》を中心《ちゅうしん》に回《まわ》っていなければいけません。でも、木星《もくせい》のまわりを回《まわ》っている星《ほし》があったのです。ということは、天動説《てんどうせつ》は、やはりまちがいということになります。

ガリレオは、地動説《ちどうせつ》が正《ただ》しいというしょうこを、ついに見《み》つけたのでした。

（天動説《てんどうせつ》というまちがいは、正《ただ》さなければいけない。）

こうしてガリレオは、地動説《ちどうせつ》について

わかりやすく説明《せつめい》した本《ほん》を書《か》きました。

「太陽《たいよう》ではなく、地球《ちきゅう》が動《うご》いているんだって。」――人《ひと》びとのこれまでの考《かんが》えを、大《おお》きくかえることが書《か》かれたガリレオの本《ほん》は、たちまち国中《くにじゅう》の話題《わだい》となりました。ところが――。

「あの有名《ゆうめい》なガリレオが、地動説《ちどうせつ》が正《ただ》しいと言《い》っている。」

教会《きょうかい》の神父《しんぷ》たちは、あわてました。天動説《てんどうせつ》を正《ただ》しいとしている教《きょう》会《かい》を、人《ひと》びとがしんじなくなることをおそれたからです。

そこで、神父《しんぷ》たちは、教会《きょうかい》でいちばんえらい法王《ほうおう》に、ガリレオの本《ほん》には法王《ほうおう》の悪口《わるぐち》と、教会《きょうかい》の教《おし》えとはちがうことが書《か》かれていると、うったえたのです。そのけっか、ガリレオはさいばん所《しょ》によびだされてしまいました。

さいばん長《ちょう》が言《い》いました。

「ガリレオよ、地動説《ちどうせつ》という神《かみ》の教《おし》えにそむく考《かんが》えを、以後《いご》、やめなさい。さもなければ、火《ひ》あぶりにする。」

ガリレオは、これまで正《ただ》しいと思《おも》ったことを自分《じぶん》の手《て》でたしかめてきました。この考《かんが》えは曲《ま》げたくはありません。しかし、火《ひ》あぶりにされては、これ以上《いじょう》真実《しんじつ》をもとめることもできなく

なるのです。

「……はい。地動説《ちどうせつ》は……地動説《ちどうせつ》はまちがいでした。」

生《い》きぬいてこそ、また地動説《ちどうせつ》がみとめられる日《ひ》が来《く》るんだ……。くやしさの中《なか》、そう思《おも》い、ガリレオは心《こころ》の中《なか》でさけびました。

（それでも地球《ちきゅう》は、動《うご》いている。）

火《ひ》あぶりはまぬがれましたが、ガリレオは家《いえ》から一歩《いっぽ》も外《そと》に出《で》ることをゆるされませんでした。

でも、真実《しんじつ》を追《お》いもとめる気持《きも》ちはかわりません。体《からだ》もおとろえ、目《め》が見《み》えなくなっても、最後《さいご》の力《ちから》をふりしぼって、昔《むかし》の学者《がくしゃ》の考《かんが》えのまちがいを正《ただ》す本《ほん》を書《か》きあげ、その一生《いっしょう》を終《お》えたのです。

ガリレオの地動説《ちどうせつ》が正《ただ》しいと教会《きょうかい》がみとめたのは、さいばんから三百《びゃく》六十年《ねん》もたった、一九九二年《ねん》のことでした。

ガリレオ・ガリレイ
（一五六四～一六四二年《ねん》）

ガリレオの発見《はっけん》

一六一〇年《ねん》、ガリレオは木星《もくせい》のまわりに四つの星《ほし》を見《み》つけました。イオ、エウロパ、ガニメデ、カリストという四つの星《ほし》は、げんざい『ガリレオ衛星《えいせい》』とよばれています。木星《もくせい》のまわりを回《まわ》っている星《ほし》は、七十九こありますが、この四つの星《ほし》はとても大《おお》きく、ガリレオの望遠鏡《ぼうえんきょう》の倍率《ばいりつ》で見《み》ることができたのです。また、ガリレオは、天《あま》の川《がわ》がたくさんの星《ほし》の集《あつ》まりだということも発見《はっけん》しました。

狂犬病《きょうけんびょう》のワクチンを作《つく》った

パスツール

文・中原道夫
絵・イクタケマコト

一八八五年《ねん》七月《がつ》、フランスの首都《しゅと》、パリ。微生物学者《びせいぶつがくしゃ》パスツールの研究室《けんきゅうしつ》に、九歳《さい》の男《おとこ》の子《こ》をつれた女《おんな》の人《ひと》が、とびこんできました。

「おねがいです。この子《こ》を助《たす》けてください。二日前《ふつかまえ》、狂犬病《きょうけんびょう》の犬《いぬ》に十四か所《しょ》もかまれたのです。このままでは死《し》んでしまいます。どうか、ジョセフの命《いのち》をすくってください！」

パスツール

狂犬病《きょうけんびょう》は、犬《いぬ》という字《じ》が入《はい》っているので犬《いぬ》だけがかかる病気《びょうき》のようですが、ほかの動物《どうぶつ》もかかり、狂犬病《きょうけんびょう》の犬《いぬ》にかまれると人《ひと》にもうつります。

かまれた直後《ちょくご》には何《なに》も起《お》こりませんが、人《ひと》の場合《ばあい》、数《すう》か月《げつ》で病気《びょうき》のしょうじょうがあらわれます。水《みず》を飲《の》むと、のどがひきつりいたむので、水《みず》をこわがるようになり、やがて全身《ぜんしん》がまひして、最後《さいご》には死《し》んでしまうおそろしい病気《びょうき》です。

微生物《びせいぶつ》といわれる目《め》に見《み》えない小《ちい》さな生《い》き物《もの》が体《からだ》の中《なか》に入《はい》ることによって、この病気《びょうき》になります。

今《いま》は「ワクチン」という発病《はつびょう》をふせぐ薬《くすり》があるので、日本では狂《きょう》犬病《けんびょう》にかかる犬《いぬ》も人《ひと》もいませんが、昔《むかし》は、たくさんの人《ひと》が命《いのち》を落《お》としていました。

「先生《せんせい》、ジョセフを助《たす》けてください。先生《せんせい》だけが、たよりなんです。」

ジョセフのお母《かあ》さんは、さいしょにみてもらった医者《いしゃ》からパスツールが狂犬病《きょうけんびょう》の研究《けんきゅう》をしていると聞《き》いて、かけつけてきたのです。

話《はなし》を聞《き》いてパスツールは思《おも》いました。

(このままほうっておいたら、死《し》んでしまう。なんとか助《たす》けてあげたい。しかし……。)

パスツールは、五年前《ねんまえ》から狂犬病《きょうけんびょう》の研究《けんきゅう》を始《はじ》め、ワクチンを使《つか》うことで、犬《いぬ》が発病《はつびょう》しないようにする方法《ほうほう》を見《み》つけていました。

「お母《かあ》さんの気持《きも》ちは、とてもよくわかります。でもわたしの研究《けんきゅう》はまだ、狂犬《きょうけん》にかまれた人《ひと》をすくうところまで進《すす》んでいないのです。犬用《いぬよう》のワクチンを人《ひと》に使《つか》ったら何《なに》が起《お》こるかわからない。それにわたしは医者《いしゃ》ではないので、今《いま》ここで息子《むすこ》さんをちりょうすることはできません。」

「先生《せんせい》、おねがいです。なんとかジョセフの命《いのち》を助《たす》けてください。」

母親《ははおや》は、なきくずれました。パスツールの心《こころ》はキリキリといたみました。実《じつ》は、パスツールは五人《にん》の子《こ》どものうち、三人《にん》を病気《びょうき》でなくしていたのです。親《おや》にとって、子《こ》どもをなくすことほど悲《かな》しく、つらいことはありません。しかも、パスツールはあつい心《こころ》の持《も》ち主《ぬし》で、人《ひと》を思《おも》いやる気《き》持《も》ちがとても強《つよ》いのです。

「お母《かあ》さん、少《すこ》しだけ時間《じかん》をください。わたしのワクチンで息子《むすこ》さんをすくえるかどうか、考《かんが》えてみます。」

パスツールが作《つく》りだしたワクチンは、狂犬病《きょうけんびょう》にかかったウサギから作《つく》ったものでした。狂犬病《きょうけんびょう》を起《お》こす微生物《びせいぶつ》が脳《のう》の中《なか》にもぐりこんでいると考《かんが》え、ウサギのからだの一部《いちぶ》を取《と》りだし、かわかして病気《びょうき》を起《お》こす力《ちから》を弱《よわ》めたのです。

このワクチンを犬《いぬ》のからだの中《なか》に入《い》れます。すると、からだの中《なか》に病気《びょうき》をふせぐ仕組《しく》みができて、犬《いぬ》は狂犬病《きょうけんびょう》にかからなくなるのです。

生《い》き物《もの》がからだを守《まも》るこの仕《し》組《く》みを「めんえき」といいます。

パスツールは、この「めんえき」を利用《りよう》して、これまでにヒツジやニワトリの病気《びょうき》をふせぐワクチンを作《つく》ってきました。

ヒツジの「たんそ病《びょう》」や、ニワトリの「コレラ」という病気《びょうき》では、その原因《げんいん》になる細菌《さいきん》という微生物《びせいぶつ》から、ワクチンを作《つく》りだしました。

ところが、狂犬病《きょうけんびょう》を起《お》こす微生物《びせいぶつ》はまだ見《み》つけられずにいました。

実《じっ》は、狂犬病《きょうけんびょう》は、細菌《さいきん》よりもずっと小《ちい》さいウイルスという微生物《びせいぶつ》が引《ひ》きおこすので、当時《とうじ》のけんび鏡《きょう》では見《み》ることができなかったのです。それでもパスツールは、きっと微生物《びせいぶつ》が病気《びょうき》を起《お》こしていると考《かんが》え、狂犬病《きょうけんびょう》のワクチンを作《つく》ったのでした。

パスツールは、友《とも》だちの医者二人《いしゃふたり》に相談《そうだん》してみました。

「どうしたらいいだろう。なんとか少年《しょうねん》を助《たす》けたいのだが、うまく

いかどうかわからない。」

医者《いしゃ》の一人《ひとり》は答《こた》えました。

「きみのワクチンをためしてみる以外《いがい》に、方法《ほうほう》はないんじゃないか。ぼくも協力《きょうりょく》するから、ワクチンを使《つか》ってみてはどうだろう。」

パスツールはなやみぬいたすえ、少年《しょうねん》の母親《ははおや》につたえました。

「お母《かあ》さん、ワクチンをためしてみましょう。でも、息子《むすこ》さんをすくえるとはかぎりません。そのときは、かくごしてください。」

「はい」と母親《ははおや》は大《おお》きくうなずきました。

パスツールは、医者《いしゃ》とともにちりょうを始《はじ》めました。ジョセフ少年《しょうねん》は、研究室《けんきゅうしつ》のとなりの部屋《へや》にねとまりし、二週間《しゅうかん》にわたって毎日《まいにち》、ワクチンをちゅうしゃされました。

このときパスツールは六十二歳《さい》。研究《けんきゅう》に一生《いっしょう》けん命《めい》で、つかれがたまっていました。四十六歳《さい》のとき、脳出血《のうしゅっけつ》でたおれたこともあります。それ以後《いご》、体《からだ》の左半分《ひだりはんぶん》が自由《じゆう》に動《うご》かせなくなっていました。

狂犬病《きょうけんびょう》は犬《いぬ》にかまれてもすぐに発病《はつびょう》しないので、ワクチンがきいたかどうかは、一か月《げつ》ほど待《ま》たなければわかりません。

「ジョセフが心配《しんぱい》で、夜《よる》もねむれない。つかれがたまると、また病《びょう》気《き》になるかもしれない。少《すこ》し休《やす》ませてもらおうか。」

パスツールは、協力《きょうりょく》してくれている医者《いしゃ》にちりょうをまかせてパリをはなれ、少年時代《しょうねんじだい》をすごしたアルボワという町《まち》で、医者《いしゃ》からの知《し》らせを待《ま》つことにしました。そして、ちりょうを始《はじ》めて一か月《げつ》がすぎたころ、医者《いしゃ》からの知《し》らせでジョセフが発病《はつびょう》しなかったことを知《し》りました。狂犬病《きょうけんびょう》のワクチンが、人《ひと》にもきくことがわかったのです。

「よかった。」

パスツールも、ジョセフもお母《かあ》さんも大《おお》よろこびしました。

こうして、パスツールのワクチンのおかげで、狂犬病《きょうけんびょう》で死《し》んだかもしれないたくさんの人《ひと》が助《たす》かるようになったのです。

パスツールの名《な》は世界《せかい》に広《ひろ》まっていきました。そして、ほかの病《びょう》気《き》の研究《けんきゅう》もしてほしいと、たくさんのお金《かね》が集《あつ》まり、パスツール研《けん》究所《きゅうじょ》がつくられました。

パスツールがなくなった今《いま》も、パスツール研《けん》究所《きゅうじょ》では、さまざまな病気《びょうき》や薬《くすり》の研究《けんきゅう》が行《おこな》われ、世界《せかい》の人《ひと》びとの役《やく》に立《た》っているのです。

ルイ・パスツール
（一八二二〜一八九五年《ねん》）

パスツール研究所《けんきゅうじょ》の門番《もんばん》

パスツールが死《し》んでからおよそ四十五年後《ねんご》、第《だい》二次《じ》世界大戦《せかいたいせん》が起《お》こり、ドイツ軍《ぐん》がフランスにせめこんできました。

パリのパスツール研究所《けんきゅうじょ》にも、たくさんのドイツ兵《へい》がやってきました。せまりくるドイツ兵《へい》の前《まえ》に、立《た》ちふさがった一人《ひとり》の門番《もんばん》がいました。名前《なまえ》はジョセフ。パスツールが狂犬病《きょうけんびょう》からすくったかつての少年《しょうねん》でした。ジョセフは、命《いのち》をすくってくれた恩《おん》にむくいるため、研究所《けんきゅうじょ》の門《もん》番《ばん》としてはたらいていたのでした。

アフリカで
たくさんの人《ひと》を
すくった医師《いし》

シュバイツァー

文・こざきゆう
絵・塚越文雄

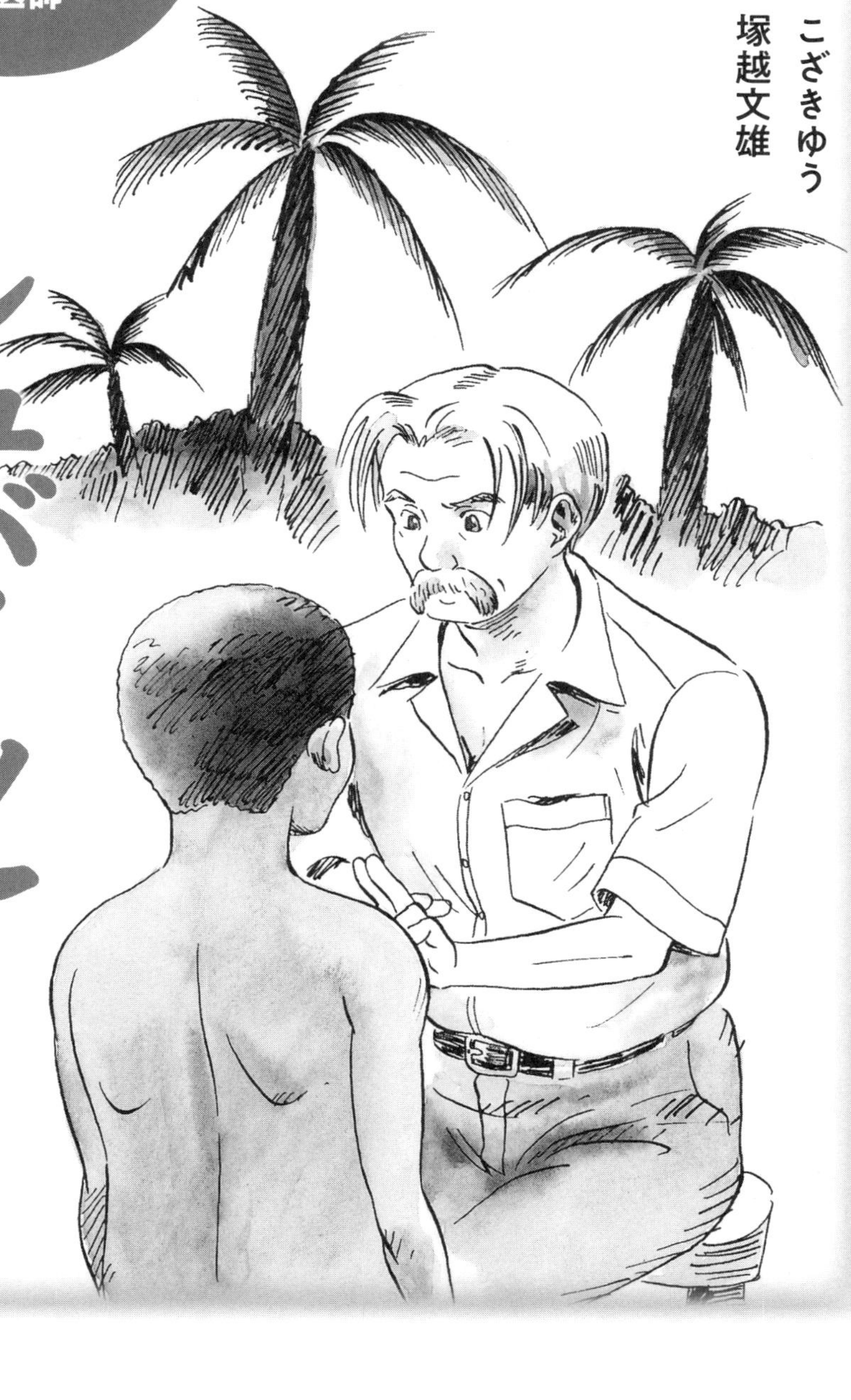

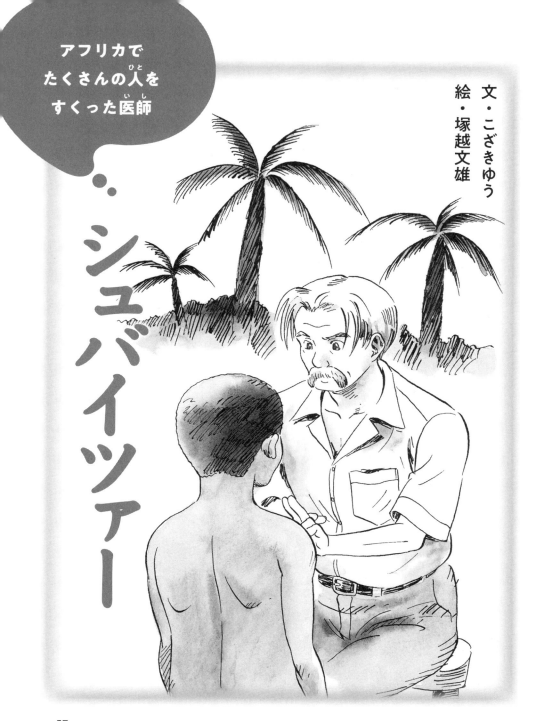

あなたが病気《びょうき》にかかったり、けがをしたりしたときは、病院《びょういん》に行《い》けば医者《いしゃ》がみてくれますね。それだけで心強《こころづよ》いし、安心《あんしん》です。でも、医者《いしゃ》が身近《みぢか》にいなかったとしたら……とても不安《ふあん》ですね。今《いま》からおよそ百年前《ひゃくねんまえ》まで、アフリカのおく地《ち》では、医者《いしゃ》がいないことが当《あ》たり前《まえ》。そのため多《おお》くの命《いのち》がうしなわれていました。病気《びょうき》にかかった人《ひと》びとの苦《くる》しみや不安《ふあん》は、大変《たいへん》なものだったでしょう。

そんな人《ひと》びとを助《たす》けるためアフリカへわたり、たくさんの命《いのち》をすくった医者《いしゃ》が、アルベルト・シュバイツァーです。

シュバイツァーは、当時《とうじ》ドイツ領《りょう》だったアルザス（今《いま》はフランス領《りょう》）に生《う》まれました。お父《とう》さんが牧師《ぼくし》だったこともあり、子《こ》どものころから教会《きょうかい》のパイプオルガンが大《だい》すき。

「ぼくもひいてみたいな。」

そこで、パイプオルガンを習《なら》い、一生《いっしょう》けん命練習《めいれんしゅう》しました。大《おお》きくなると、有名《ゆうめい》な先生《せんせい》から教《おし》えてもらえるようになり、めきめき上達《じょうたつ》しました。また、お父《とう》さんと同《おな》じ牧師《ぼくし》になるために大学《だいがく》にも入《はい》りました。パイプオルガンと学問《がくもん》、どちらにも打《う》ちこめて、毎日《まいにち》が幸《しあわ》せでした。

(でも……ぼくはこんなに幸《しあわ》せで、いいのだろうか……。)

二十一歳《さい》になったシュバイツァーは、なやんでいました。

（世《よ》の中《なか》には、まずしく、すきなことをできない人《ひと》がいる。病気《びょうき》をかかえて、苦《くる》しんでいる人《ひと》がいる。なのに、ぼくはやりたいことがやれている……。）

考《かんが》えたすえ、シュバイツァーは、決《き》めました。

「よし。三十歳《さい》までは学問《がくもん》と音楽《おんがく》にとことん打《う》ちこもう。でも、そのあとの人生《じんせい》は、こまっている人《ひと》びとのためにつくそう。」

その決意《けつい》のとおり、勉強《べんきょう》にはげみ、大学《だいがく》の先生《せんせい》と牧師《ぼくし》になりました。また、音楽家《おんがくか》としても大変有名《たいへんゆうめい》になっていきました。

そんなある日《ひ》のこと。シュバイツァーは、あるパンフレットをなにげなく手《て》に取《と》りました。そこには、こう書《か》かれていました。

『アフリカのコンゴ地方《ちほう》の人《ひと》びとは、まずしさからやせ細《ほそ》っている。また、病気《びょうき》にかかっても医者《いしゃ》がいないためにどうすることもできない……。かれらを助《たす》けるために、医者《いしゃ》を送《おく》ってほしい。』

シュバイツァーは、そのとき決心《けっしん》したのです。

「医者《いしゃ》になって、アフリカの人《ひと》びとの役《やく》に立《た》ちたい。」

しかし、まわりの人《ひと》びとは強《つよ》く反対《はんたい》しました。アフリカに行《い》くということは、今《いま》までうまくいっていた大学《だいがく》の仕事《しごと》や、音楽家《おんがくか》としての名声《めいせい》を、すててしまうことになるのですから。

「でも、ぼくの考《かんが》えはかわらない。だれかが行《い》かなければ、アフリカの人《ひと》びとをすくうことはできないんだ。」

シュバイツァーの強《つよ》い思《おも》いに、反対《はんたい》した人《ひと》びとも協力《きょうりょく》してくれるようになりました。そして、三十歳《さい》になると、医者《いしゃ》になるための勉強《べんきょう》を始《はじ》めました。

三十六歳《さい》で医者《いしゃ》になり、その一年半後《ねんはんご》に、ついにアフリカへわたりました。

アフリカでは、みんなが医者《いしゃ》を待《ま》ちのぞ

んでいました。病気《びょうき》をみてもらいたい人《ひと》びとが、どんどん集《あつ》まってきます。シュバイツァーは、大変《たいへん》おどろきました。
「こんなに病気《びょうき》やけがの人《ひと》がいるなんて！」
ところが、病院《びょういん》として使《つか》える建物《たてもの》がありません。
そこで少《すこ》しでも早《はや》くちりょうするため、外《そと》でしんさつを始《はじ》めました。でも、アフリカの気候《きこう》は思《おも》った以上《いじょう》にきびしいものでした。強《つよ》い日《ひ》ざしや、はげしいにわか雨《あめ》に苦《くる》しめられ、しんさつを中止《ちゅうし》することが何度《なんど》

もありました。また、言葉《ことば》が通《つう》じないので、身《み》ぶり手《て》ぶりでどこが悪《わる》いのかをきいて、しんさつすることも大変《たいへん》でした。

それだけではありません。アフリカの人《ひと》びとは、今《いま》まで医者《いしゃ》にかかったことがありません。だから、一週間分《しゅうかんぶん》の薬《くすり》を出《だ》したら、それを一日《にち》で飲《の》んでしまう人《ひと》がいたりしたのです。

でも、弱音《よわね》をはくひまはありません。休《やす》むことなく、病人《びょうにん》をどんどんしんさつしていきました。やがて、シュバイツァーのひょうばんを聞《き》き、協力《きょうりょく》しようというアフリカの人《ひと》びとがふえていきました。

こうした人《ひと》びとの助《たす》けで、やがて小屋《こや》をたてることができました。

アフリカに、ついに病院《びょういん》がかんせいしたのです。

「これでようやく手術《しゅじゅつ》をすることもできるぞ。」

ある日《ひ》、シュバイツァーはますいを使《つか》って病人《びょうにん》をねむらせ、その間《あいだ》に手術《しゅじゅつ》をしました。これを見《み》たアフリカの人《ひと》びとは、

「先生《せんせい》は病人《びょうにん》をころして、悪《わる》いところをなおして、また生《い》きかえらせた！」

と、大変《たいへん》おどろきました。こういうことが度重《たびかさ》なり、シュバイツァーは、きせきを起《お》こして命《いのち》をすくってくれる、「オガンガ」（まほう使《つか》い）とよばれるようになったのです。

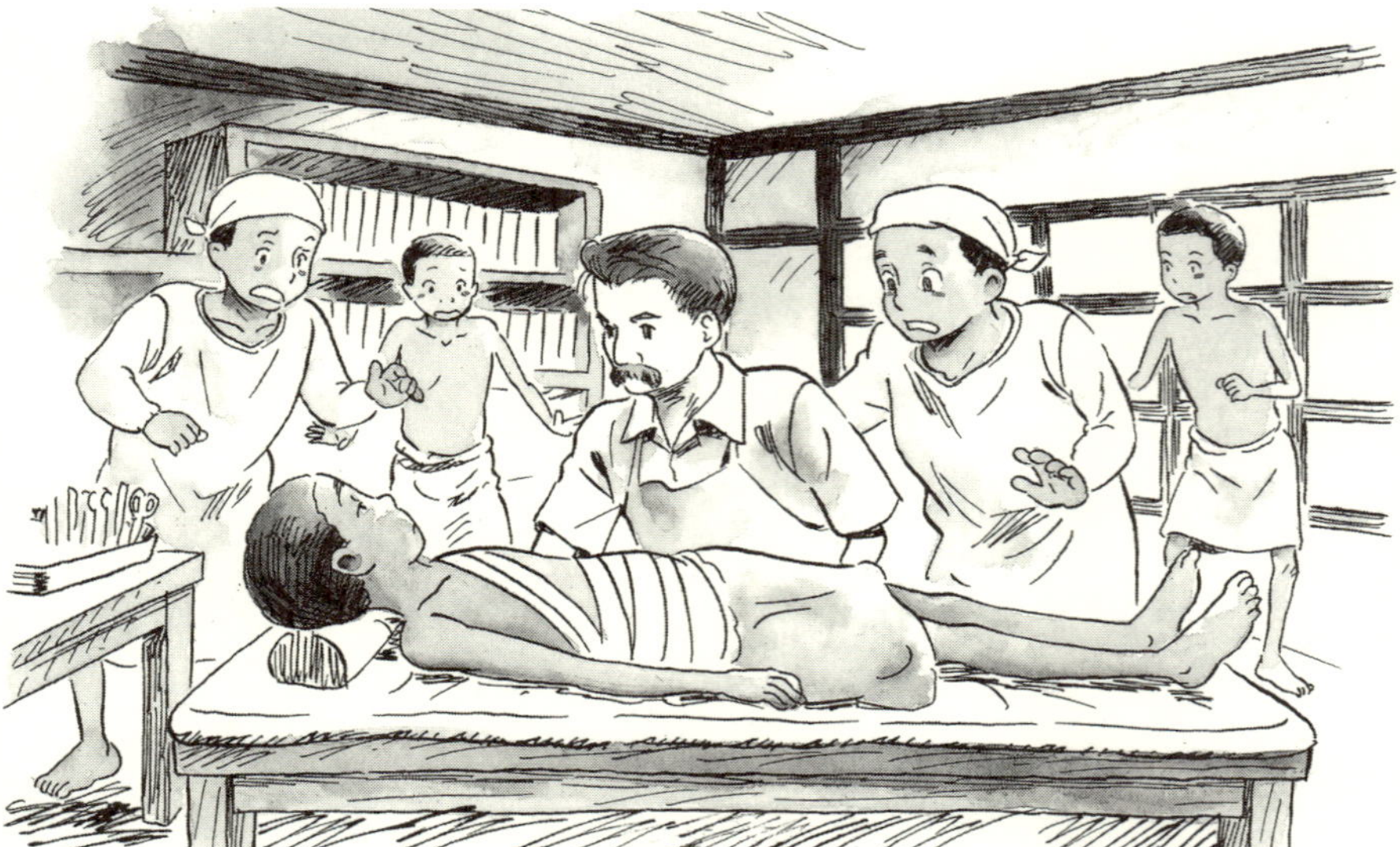

「……人《ひと》びとがよろこんでくれている。ここに来《き》て、本当《ほんとう》によかった。」

しかし、アフリカに来《き》て四年後《ねんご》、シュバイツァーは医者《いしゃ》をつづけられなくなりました。戦争《せんそう》により、ヨーロッパにつれもどされてしまったのです。

「オガンガがいなくなったら、わたしたちは、どうなるのでしょう……。」

アフリカの人《ひと》びとの不安《ふあん》の声《こえ》が、頭《あたま》からはなれません。

シュバイツァーは、心《こころ》にちかいました。

「アフリカはわたしの人生《じんせい》をかける場所《ばしょ》。かならず帰《かえ》ってくる！」

戦争《せんそう》が終《お》わると、シュバイツァーはアフリカでの活動《かつどう》について、ヨーロッパの人《ひと》びとに話《はな》したり、オルガンのえんそう会《かい》を行《おこな》ったりしました。えんそう会《かい》などでもらったお金《かね》はすべて、アフリカで病《びょう》院《いん》をつくるためにとっておきました。そして、七年《ねん》ぶりにアフリカにもどったのです。

「これでまた、苦《くる》しむ人《ひと》びとを助《たす》けることができる。」

それからは、朝早《あさはや》くから真夜中《まよなか》まで、はたらきつづけました。七十歳《さい》をすぎても、そういう生活《せいかつ》をしながら、人《ひと》びとの命《いのち》をすくいました。

こうした活動《かつどう》が世界的《せかいてき》にみとめられ、七十七歳《さい》のとき、シュバイツアーは「ノーベル平和賞《へいわしょう》」を受賞《じゅしょう》しました。

「本当《ほんとう》に幸《しあわ》せになれる人《ひと》は、人《ひと》につくす道《みち》を見《み》つけた人《ひと》だ。」
そんな思《おも》いで、九十歳《さい》でなくなるまで、アフリカの人《ひと》びとのためにつくしました。シュバイツァーがアフリカにつくった病院《びょういん》は、シュバイツァーの意志《いし》を受《う》けつぐ人《ひと》びとによって、今《いま》も活動《かつどう》がつづけられています。

アルベルト・シュバイツァー（一八七五～一九六五年《ねん》）

鳥《とり》の命《いのち》をすくった

シュバイツァーは、子《こ》どものころから心《こころ》のやさしい人《ひと》でした。

ある日《ひ》、友《とも》だちにゴムのパチンコで鳥《とり》をうちおとそうと、さそわれて山《やま》に行《い》きました。友《とも》だちが木《き》にとまっている鳥《とり》たちにねらいを定《さだ》めて、うとうとしたとき、「みんな、にげろ。」と、シュバイツァーがさけびました。鳥《とり》たちは、おどろいてにげていきました。

つみもない小鳥《ことり》を、ころさせるわけにはいかないと思《おも》い、さけんだのでした。

もっともまずしい人《ひと》に
手《て》をさしのべた
修道女《しゅうどうじょ》

マザー・テレサ

文・甲斐　望
絵・狩野富貴子

ある晴《は》れた日曜日《にちようび》。お母《かあ》さんに手《て》を引《ひ》かれ、うれしそうに教会《きょうかい》へ向《む》かう少女《しょうじょ》がいました。

「ねえ、お母《かあ》さん。今日《きょう》は神父様《しんぷさま》がどんなお話《はなし》をしてくださるかしらね。楽《たの》しみだわ。」

少女《しょうじょ》の名《な》は、アグネス・ゴンジャ。マザー・テレサの子《こ》どものころの名前《なまえ》です。アグネスは一九一〇年《ねん》、東《ひがし》ヨーロッパの北《きた》マケドニアで生《う》まれました。家族《かぞく》はとてもなかがよく、また、イエス・キリストの教《おし》えを強《つよ》くしんじていました。

十五歳《さい》のある日《ひ》。教会《きょうかい》の神父《しんぷ》がしてくれた話《はなし》に、アグネスは、とてもおどろきました。

「インドという遠《とお》い国《くに》には、まずしい人《ひと》がたくさんいます。その人《ひと》たちが幸《しあわ》せになれるよう、わたしたちが、神様《かみさま》のことをつたえに、インドへ行《い》くのです。」

話《はなし》を聞《き》き、アグネスの心《こころ》はあつくなりました。

「わたしも何《なに》かしたい。こまっている人《ひと》のために。」

そして、十七歳《さい》になり、とうとう決心《けっしん》したのです。

「お母《かあ》さん。わたし、インドに行《い》きたい。そのために家《いえ》を出《で》て、シスターになります。」

シスターとは、神様《かみさま》に仕《つか》える仕事《しごと》をするため、自分《じぶん》の家《いえ》をはなれて修道院《しゅうどういん》とい

うところで、きびしい生活《せいかつ》を送《おく》る女性《じょせい》たちのことです。

お父《とう》さんはアグネスが八歳《さい》のときになくなっていたので、お母《かあ》さんは一人《ひとり》なやみ、とても心配《しんぱい》しました。でも、アグネスのあまりにもしんけんな顔《かお》に、やがてうなずきました。

「天国《てんごく》のお父《とう》さんが、あなたをみちびいたのでしょう。体《からだ》に気《き》をつけて……。」

こうしてアグネスはひとり、とびだしました。

——天国《てんごく》のお父《とう》さん、そして、お母《かあ》さん。がんばってきます。

修道院《しゅうどういん》に入《はい》ったアグネスは、「テレサ」という名前《なまえ》をもらいました。

そして二か月後《げつご》には、もうインドへ向《む》かっていました。船《ふね》でゆられること一か月半《げつはん》。たどりついた町《まち》、カルカッタ（げんざいのコルカタ）の景色《けしき》を見《み》て、テレサは、首《くび》をかしげました。

「どうしてこの町《まち》には、地面《じめん》に丸太《まるた》がいっぱい転《ころ》がっているのだろう……。」

しかし、近《ちか》づいてみると、それは丸太《まるた》ではなく、道《みち》ばたにうずくまっている人間《にんげん》のすがたでした。

当時《とうじ》インドでは、人《ひと》と人《ひと》のあらそいがたえませんでした。戦争《せんそう》が起《お》き、家《いえ》はやかれ、たくさんの人《ひと》が、カルカッタの町《まち》へにげてきました。人《ひと》がふえて病気《びょうき》がはやり、まずしい人《ひと》びとは病院《びょういん》に行《い》けず、食《た》べ物《もの》も

なく、道路《どうろ》でくらし、ゴミにまみれて死《し》んでいったのです。

こうした場所《ばしょ》は、「スラム」とよばれれました。

「この人《ひと》たちを、早《はや》くなんとかしなくては。」

けれども、テレサがインドの修道院《しゅうどういん》からあたえられた仕事《しごと》は、「聖《せい》マリア学院《がくいん》」という、お金持《かねも》ちの家《いえ》の子《こ》たちが通《かよ》う高校《こうこう》の先生《せんせい》でした。テレサの心《こころ》は、ゆれはじめました。

「わたしはめぐまれた学校《がっこう》で、幸《しあわ》せな生徒《せいと》たちに勉強《べんきょう》を教《おし》えている。一歩外《いっぽそと》に出《で》れば、苦《くる》しんでいる人《ひと》がたくさんいるのに……。ああ神様《かみさま》、教《おし》えてください。わたしはどうすべきかを。」

先生《せんせい》の仕事《しごと》をがんばりながら、テレサは何年《なんねん》も何年《なんねん》も、しんぼう強《づよ》くいのりました。

そして、一九四六年《ねん》九月十日《がつとおか》――修道院《しゅうどういん》に向《む》かう列車《れっしゃ》の中《なか》でテレサの心《こころ》に、神様《かみさま》のような声《こえ》がひびいたのです。

――スラムに行《い》きなさい。まずしい人《ひと》びとの中《なか》の、もっともまずしい人《ひと》に仕《つか》えるのです。――

「ありがとうございます。神様《かみさま》。」

テレサの目《め》には、なみだがあふれました。

テレサは、修道院《しゅうどういん》の院長《いんちょう》におゆるしをもらい、そまつな服《ふく》を身《み》にまとうと、たったひとりでスラムへ向《む》かったのです。三十七歳《さい》のときでした。

「まず、自分《じぶん》にできることから始《はじ》めましょう。」

テレサは目《め》の前《まえ》に横《よこ》たわる人《ひと》に声《こえ》をかけ、はげまし、きず口《ぐち》をあらい、薬《くすり》をぬりました。そしてすぐまた、次《つぎ》の人《ひと》のもとへ――。

「だ、だれだい、あんたは。ありがとうよ。」

びっくりしながらよろこぶ人《ひと》もいれば、うたがいの目《め》で、こう言《い》う人《ひと》もいます。

「十人《にん》や二十人《にん》のちりょうをしたってむだだよ。スラムには何百万人《なんびゃくまんにん》もいるんだぜ。」

けれども、くじけず、つぶやくのでした。

「わたしがしていることは、一《いっ》てきの水《みず》のように小《ちい》さなことかもしれない。でも水《みず》がなければ、海《うみ》も生《う》まれない。だから、つづけましょう。」

毎日仕事《まいにちしごと》をつづけていると、やがて、うしろにぞろぞろと小《ちい》さな列《れつ》ができはじめました。

「ねえ、お姉《ねえ》さん。お金《かね》ちょうだい。」

スラムに生《い》きる子《こ》どもたちでした。子《こ》どもたちは、やせ細《ほそ》った体《からだ》で食《た》べ物《もの》をさがしながら、やっとの思《おも》いでくらしていたのです。

「お金《かね》はないけど、薬《くすり》ならあるわ。それと……あ、そうだ。いいことを教《おし》えてあげる。」

テレサは、道《みち》ばたに字《じ》を書《か》きました。まずしくて学校《がっこう》に行《い》けない子《こ》たちに、文字《もじ》を教《おし》えようと思《おも》ったのです。テレサの青空教室《あおぞらきょうしつ》が始《はじ》まりました。子《こ》どもたちの数《かず》は日《ひ》に日《ひ》にふえ、やがて、たくさんの笑顔《えがお》が生《う》まれました。

「先生《せんせい》。外《そと》では暑《あつ》くて大変《たいへん》でしょう。わたしたちが、屋根《やね》を作《つく》りましょう。」

子《こ》どものお父《とう》さんたちが集《あつ》まり、古《ふる》いきれや板《いた》で勉強《べんきょう》小屋《ごや》をたててくれました。

「わたしたちにも、お手《て》つだいさせてください。」

やってきたのは、テレサが昔《むかし》教《おし》えていた聖《せい》マリア学院《がくいん》の卒業生《そつぎょうせい》でした。テレサ

のようになりたいと、かの女《じょ》たちは学校《がっこう》を卒業後《そつぎょうご》、シスターとなっていたのです。

シスターたちのリーダーとなったテレサは、マザー・テレサとよばれるようになりました。

「マザー。あそこに人《ひと》がたおれています！」

ある日《ひ》、ひとりのシスターがおばあさんを見《み》つけました。おばあさんの体《からだ》は動《うご》かず、ハエがたかっていますが、かすかに息《いき》をしています。

「まだ生《い》きているわ。急《いそ》ぎましょう！」

テレサは必死《ひっし》に病院《びょういん》をさがしました。でも、どこもいっぱいで、受《う》けつけてくれません。

「これでは、なおるものもなおらない。この人《ひと》たちがゆっくり休《やす》める場所《ばしょ》がひつようだわ。」

そこでテレサは人《ひと》びとによびかけ、一けんの家《いえ》をかりました。

ここで、できるかぎりのちりょうをして、よりそってあげたいと思《おも》ったのです。

おばあさんは、かすれた声《こえ》で言《い》いました。

「ありがとう、マザー。病気《びょうき》のわたしは、みんなから、ずっときらわれて生《い》きてきた。でもあんたは、あたしの体《からだ》をあらってくれるんだね。」

テレサは、けんめいに答《こた》えました。

「いいえ。だれからもひつようとされていない人間《にんげん》なんて、いないんですよ。おばあさん、あなたに会《あ》えてわたしはうれしいわ。ありがとう。」

おばあさんはほほえむと、テレサの手《て》をぎゅっとにぎり、やがてしずかに息《いき》をひきとりました。

ある日《ひ》、四歳《さい》の男《おとこ》の子《こ》がやってきました。

「これ、あげる。ぼくのおさとうだよ。」

男《おとこ》の子《こ》は、まずしい人《ひと》を助《たす》けたいと、おやつを三日間《かかん》がまんして、持《も》ってきたのです。

むねがいっぱいのテレサは、思《おも》いました。

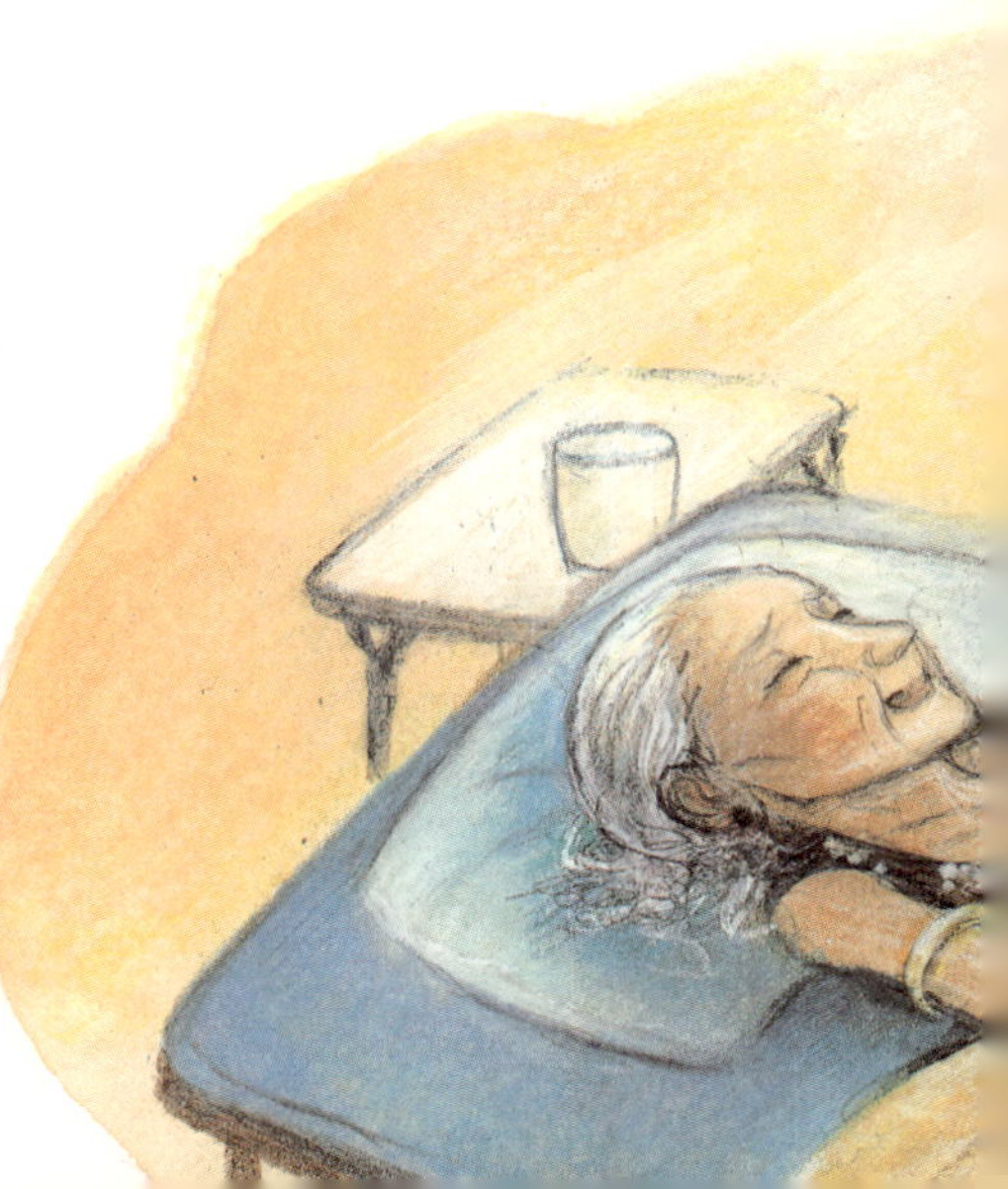

（まだやることは、山《やま》ほどある。でも、みんなの愛《あい》の輪《わ》が、かくじつに広《ひろ》がっているわ。）

やがて、活動《かつどう》がテレビなどで知《し》られると、世界中《せかいじゅう》からさまざまな物《もの》がおくられてきました。小学生《しょうがくせい》から給食《きゅうしょく》のパンが、お年《とし》よりから毛布《もうふ》が、教会《きょうかい》の指導者《しどうしゃ》からは車《くるま》もとどきました。テレサは車《くるま》をたからくじの賞品《しょうひん》にして売《う》り、そのお金《かね》で、病気《びょうき》に苦《くる》しむ人《ひと》が安心《あんしん》してくらせる「平和《へいわ》の村《むら》」を作《つく》りました。五十七歳《さい》のときでした。あるときは、こう空会社《くうがいしゃ》に出向《でむ》き、こんなおねがいもしています。

「飛行機《ひこうき》の中《なか》で、お客《きゃく》さんが食《た》べなかった食事《しょくじ》を、わたしたちにくださいませんか。」

すてられるはずの機内食《きないしょく》が、まずしい人《ひと》びとに配《くば》られ、たくさん

の命《いのち》がすくわれました。
そして、一九七九年《ねん》――六十九歳《さい》のマザー・テレサは、「ノーベル平和賞《へいわしょう》」を受賞《じゅしょう》しました。

受賞後《じゅしょうご》、七十歳《さい》ではじめて日本をおとずれたテレサに、ある校長先生《こうちょうせんせい》がききました。

「うちの学校《がっこう》の子《こ》たちが、マザーのようにインドへ行《い》って活動《かつどう》したいと言《い》っていますが。」

すると、テレサは、こう答《こた》えたのです。

「インドに行《い》かなくても、できることはあります。自分《じぶん》のとなりの友《とも》だちがこまっていたら声《こえ》をかけ、手《て》をさしのべて。そこから始《はじ》めましょう。愛《あい》はどんどん広《ひろ》がってゆくのです。」

マザー・テレサは、八十七歳《さい》でなくなりました。テレサが活動《かつどう》を始《はじ》めてから五十年《ねん》でした。その後《ご》、テレサの思《おも》いを受《う》けつぐ団体《だんたい》が、世界中《せかいじゅう》でたんじょうして活動《かつどう》しています。

マザー・テレサ（一九一〇～一九九七年《ねん》）

日本に来《き》たマザー・テレサ

マザー・テレサがはじめて日本にやってきたときのことです。新幹線《しんかんせん》の中《なか》でアイスクリームを食《た》べ、そなえつけの紙《かみ》コップで水《みず》を飲《の》んだマザーは、アイスについていたプラスチックのスプーンと紙《かみ》のコップをきれいにふいて自分《じぶん》のふくろに入《い》れました。そばにいた人《ひと》が、「これは使《つか》ったらすてていいのですよ」と言《い》うと、マザーは、「インドではこの紙《かみ》やスプーンが、大切《たいせつ》なのです」と言《い》って、わらったそうです。

世界中《せかいじゅう》で
愛《あい》された
童話《どうわ》の王様《おうさま》

アンデルセン

文・沢辺有司
絵・いとうみき

アンデルセンは、百《ひゃく》五十もの童話《どうわ》を作《つく》って、「童話《どうわ》の王様《おうさま》」とよばれています。『はだかの王様《おうさま》』、『みにくいあひるの子《こ》』、『人魚《にんぎょ》ひめ』、『赤《あか》いくつ』――どれも、アンデルセンが作《つく》った童話《どうわ》です。

アンデルセンは今《いま》から二百年《ひゃくねん》以上前《いじょうまえ》に、デンマークのオーデンセという町《まち》に生《う》まれました。

家《いえ》はとてもまずしかったのですが、お父《とう》さん、お母《かあ》さん、おばあさんにかこまれ、幸《しあわ》せにくらしていました。

お父《とう》さんは、くつ屋《や》さんです。仕事《しごと》をしているときは、だまりこくってお客《きゃく》さんにあいそもありません。でも、アンデルセンのために昔話《むかしばなし》をしてくれたり、いろいろな本《ほん》を読《よ》んでくれたりする、やさしい人《ひと》でした。

「まずしい家《いえ》の子《こ》どもだったアラジンは、悪《わる》いまほう使《つか》いに、どうくつにとじこめられてしまいました。けれども、まほうのランプと指輪《ゆびわ》の力《ちから》で、どうくつのたから物《もの》を手《て》に入《い》れ、やがておひめさまとけっこんして、王《おう》様《さま》になったのです……。」

これはお父《とう》さんがよく聞《き》かせてくれた、『アラジンとまほうのランプ』というお話《はなし》です。

（まずしくても、王様《おうさま》になれるなんて、すてきだなあ……。）

アンデルセンは、お話《はなし》を聞《き》くたびに、うっとりします。

また、お父《とう》さんは人形《にんぎょう》を作《つく》って、しばいをしてくれることもありました。アンデルセンもそれをまねして遊《あそ》びました。

アンデルセンは学校《がっこう》にはほとんど行《い》かず、友《とも》だちもいませんでしたが、人形《にんぎょう》があれば、ちっともさみしくありませんでした。

そんなお父《とう》さんは、いちど兵隊《へいたい》になって体《からだ》をこわし、アンデルセンが十一歳《さい》のときになくなってしまいました。

とても悲《かな》しんだアンデルセンでしたが、お父《とう》さんに教《おし》えてもらったお話《はなし》の世界《せかい》を楽《たの》しむ心《こころ》は、その後《ご》も、アンデルセンの中《なか》に、ずっとのこっていました。

十四歳《さい》になったある日《ひ》、アンデルセンは、とつぜん言《い》いました。
「お母《かあ》さん、ぼく、コペンハーゲンに行《い》って役者《やくしゃ》になるよ。」
このころアンデルセンは、一度見《どみ》たしばいのおもしろさにとりつかれ、役者《やくしゃ》になりたいと思《おも》うようになっていたのです。

「まあ、どうして、役者《やくしゃ》なんかに……。」

「だって、それがいちばんすきな道《みち》なんだ――。」

アンデルセンは、家《いえ》をとびだしました。

コペンハーゲンは、デンマークでもいちばんにぎやかな町《まち》です。きぼうにむねふくらませてやってきたアンデルセンは、さっそくげき場《じょう》へ行《い》きました。しかし、役者《やくしゃ》の勉強《べんきょう》もしたことがないアンデルセンを、やとってくれるわけがありません。すぐにげき場《じょう》から追《お》いだされてしまいました。

やがてアンデルセンは、役者《やくしゃ》の勉強《べんきょう》を始《はじ》めました。でも、いつまでたっても大《おお》きな役《やく》がもらえません。

（そうだ、役者《やくしゃ》になれないなら、しばいを書《か》こう！）

おさないころ、お父《とう》さんに教《おし》えてもらったお話《はなし》の世界《せかい》を楽《たの》しむ心《こころ》が、また、わきあがってきたのです。

ところが、きちんと学校《がっこう》で勉強《べんきょう》していないので、アンデルセンの書《か》くしばいは字《じ》のまちがいだらけ。だれも相手《あいて》にしてくれません。そんな中《なか》、アンデルセンに声《こえ》をかける人《ひと》がいました。げき場《じょう》でいちばんえらいコリンさんです。

コリンさんは、気《き》むずかしそうな

顔《かお》をした人《ひと》です。

「きみは、学校《がっこう》へ行《い》ったのかね。」

と言《い》います。びっくりしたアンデルセンは、

「……いいえ。でも、学校《がっこう》で勉強《べんきょう》したいと思《おも》っています。」

と正直《しょうじき》に答《こた》えました。

すると、コリンさんは、アンデルセンを学校《がっこう》に入《い》れてくれました。

アンデルセンは、がんばって勉強《べんきょう》し、大学《だいがく》まで行《い》きました。

そして二十四歳《さい》のとき、アンデルセンの書《か》いたしばいが、はじめてげき場《じょう》でえんじられることになったのです。アンデルセンは不安《ふあん》でいっぱいでしたが、しばいは大《だい》せいこうをおさめました。

こうしてアンデルセンは、作家《さっか》として歩《あゆ》みはじめました。そして、

ドイツ、フランス、スイスなど、いろいろな国《くに》を旅《たび》して、そこで出《で》会《あ》った人《ひと》や見《み》たものを作品《さくひん》の中《なか》にえがきました。

イタリアを旅《たび》していたときに、お母《かあ》さんがなくなったという知《し》らせがとどきました。アンデルセンは、大変《たいへん》落《お》ちこみましたが、

「ぼくは、有名《ゆうめい》な作家《さっか》になってみせます。」

とちかい、イタリア人《じん》たちの恋《こい》の物語《ものがたり》『即興詩人《そっきょうしじん》』を書《か》きあげました。この小説《しょうせつ》は大変《たいへん》なひょうばんとなり、アンデルセンは有名作家《ゆうめいさっか》の仲間入《なかまい》りをはたしたのです。

また、同《おな》じころ、

「お父《とう》さんから聞《き》いた話《はなし》や、空想《くうそう》したことを、子《こ》どもたちのためのお話《はなし》にできないかな……。」

と思《おも》い、いくつもの美《うつく》しい童話《どうわ》をまとめた本《ほん》を出《だ》しました。

ところが、本《ほん》のひょうばんは、よくありません。

「童話《どうわ》なんてくだらない。なぜ、小説《しょうせつ》を書《か》かないいんだ。」

ひひょう家《か》たちはののしりました。そのころ、子《こ》ども向《む》けの童話《どうわ》はくだらないものとみなされていたのです。

（そうか……。やっぱり、自分《じぶん》は小説《しょうせつ》を書《か》くほうがいいようだ。）

そう思《おも》ったアンデルセンでしたが、町《まち》を歩《ある》いていると、

「……あっ、アンデルセンだよ。」

「童話《どうわ》を書《か》いている人《ひと》だね。」

と、子《こ》どもばかりか、大人《おとな》たちもうれしそうに声《こえ》をかけてきます。

どうやら、アンデルセンは小説《しょうせつ》を書《か》いている人《ひと》というより、童話《どうわ》を書《か》いている人《ひと》として、いつのまにか町《まち》の人《ひと》に知《し》られるようになっていたのです。

（童話《どうわ》はくだらない、そんなことはない。童話《どうわ》は、悲《かな》しい話《はなし》も楽《たの》しい話《はなし》も、だれにでもわかりやすくつたわる。本当《ほんとう》に人《ひと》の心《こころ》を打《う》つものがあれば、大人《おとな》だって読《よ》んでくれるんだ。）

もう、まよいはありません。

アンデルセンは、また童話《どうわ》を書《か》きました。そうしてできたのが、『はだかの王様《おうさま》』や『人魚《にんぎょ》ひめ』です。

『はだかの王様《おうさま》』は、おろか者《もの》だと思《おも》われないように、目《め》に見《み》えない服《ふく》が見《み》えるふりをする王様《おうさま》のようすがこっけいです。

『人魚《にんぎょ》ひめ』は、愛《あい》する王子様《おうじさま》の命《いのち》を守《まも》るため、自分《じぶん》は海《うみ》のあわと

消《き》える人魚《にんぎょ》ひめのすがたが、読《よ》む人《ひと》の心《こころ》を打《う》ちます。

アンデルセンの童話《どうわ》は、たんなる子《こ》ども向《む》けのお話《はなし》ではなく、人《にん》間《げん》のおろかさや心《こころ》の美《うつく》しさが、生《い》き生《い》きとえがかれているのです。

それまでアンデルセンの童話《どうわ》をみとめていなかったひひょう家《か》も、「とてもすばらしい作品《さくひん》だ」と、見直《みなお》してくれました。

それからも童話《どうわ》を書《か》きつづけ、すっかり有名《ゆうめい》になったアンデルセン。六十歳《さい》をこえたとき、ふるさとオーデンセのめいよ市民《しみん》にえら

ばれました。電気《でんき》のかざりや、たいまつの火《ひ》がかがやく町《まち》で、人《ひと》びとに温《あたた》かくむかえられたのです。

まるで、子《こ》どものときにお父《とう》さんが読《よ》んでくれた、アラジンになった気分《きぶん》でした——。まずしかったアンデルセンは、「童話《どうわ》の王様《おうさま》」となって町《まち》に帰《かえ》ってきたのです。

ハンス・クリスチャン・アンデルセン（一八〇五～一八七五年《ねん》）

大変《たいへん》な心配性《しんぱいしょう》だったアンデルセン

アンデルセンは、とても心配性《しんぱいしょう》だったそうです。出《で》かけるときには、もしものときに建物《たてもの》のまどからすぐににげだせるように、かならずロープを持《も》ちあるいていました。また、あるときアンデルセンは、ねむっている間《あいだ》に死《し》んでしまったとかんちがいされて、土《つち》にうめられてしまった人《ひと》の話《はなし》を聞《き》きました。心配《しんぱい》になったアンデルセンは、ねるときには、まくらのそばに「死《し》んでいません」と書《か》いた紙《かみ》をおいていたそうです。

革命《かくめい》と愛《あい》を
音楽《おんがく》にした
ピアノの詩人《しじん》

ショパン

文・粟生こずえ
絵・鳥飼規世

フレデリック・ショパンは一八一〇年《ねん》、ポーランドの首都《しゅと》、ワルシャワに近《ちか》い小《ちい》さな村《むら》に生《う》まれました。

ショパンの家族《かぞく》は音楽《おんがく》が大《だい》すきでした。お母《かあ》さんがピアノをひくのを見《み》ているうちに、ショパンは、自然《しぜん》にひき方《かた》をおぼえていました。そして、先生《せんせい》についてピアノを習《なら》い始《はじ》めると、どんどん上手《じょうず》になっていきました。またたくまに、「天才少年《てんさいしょうねん》」として有名《ゆうめい》になり、八歳《さい》のときには、宮《きゅう》でんにまねかれてコンサートを行《おこな》ったほどです。

音楽家《おんがくか》となる道《みち》は決《き》まったようなものでしたが、お父《とう》さんは、

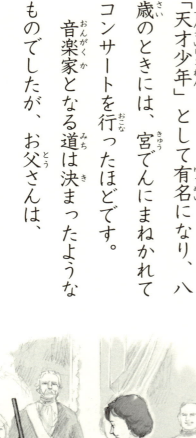

「音楽《おんがく》だけではなく、ほかの勉強《べんきょう》もがんばりなさい。」と言《い》って聞《き》かせていました。いろいろな知《ち》しきをもった、ゆたかな人間《にんげん》になってほしいと考《かんが》えていたためです。

ショパンはどんな教科《きょうか》もよくできましたが、とくに自分《じぶん》の国《くに》のれきしや文学《ぶんがく》の勉強《べんきょう》がすきでした。

また、古《ふる》くからポーランドにつたわる音楽《おんがく》に、きょうみをもっていました。中《なか》でも『ポロネーズ』と『マズルカ』には、のちに作曲《さっきょく》をする上《うえ》で、大《おお》きなえいきょうを受《う》けました。どちらも、小《ちい》さなころからお母《かあ》さんが子守歌《こもりうた》として歌《うた》ってきかせてくれたなつかしい曲《きょく》です。その形式《けいしき》をもとに、ショパンはピアノ曲《きょく》をたくさん作曲《さっきょく》しました。

ショパンは生《う》まれ育《そだ》ったポーランドの国《くに》を、深《ふか》く愛《あい》していたのです。

音楽学校《おんがくがっこう》を卒業《そつぎょう》したショパンは、いよいよ本《ほん》かく的《てき》に音楽家《おんがくか》として歩《あゆ》みはじめます。

「音楽《おんがく》をやるなら、やっぱりウィーンに行《い》くべきだ。」

オーストリアの首都《しゅと》、ウィーンは「音楽《おんがく》の都《みやこ》」として有名《ゆうめい》です。モーツァルトやベートーベン、シューベルトなど、いだいな作曲家《さっきょくか》が育《そだ》った町《まち》です。

家族《かぞく》とわかれるさびしさをふりきって、ショパンは二十歳《さい》のとき、ウィーンへと旅立《たびだ》ちました。親友《しんゆう》のティトゥスといっしょでした。

ところが、ウィーンに着《つ》いてまもなく、大変《たいへん》なニュースがとびこんできたのです。

「ワルシャワで、市民《しみん》が反《はん》らんを起《お》こしたそうだぞ!」

このころ、ポーランドは、ロシアに支配《しはい》されていました。ポーランド人《じん》たちは、もうロシアの言《い》うことをきくのはいやだと、自由《じゆう》をもとめて立《た》ちあがったのです。

「こうしてはいられない。すぐにポーランドに帰《かえ》って戦《たたか》わなくては。」

と、ティトゥスは言《い》いだしました。

「よし、ぼくも帰《かえ》るよ。」

しかし、ティトゥスは、きっぱりと言《い》ったのです。

「きみは帰《かえ》ってはだめだ。」

「どうして。ぼくもポーランドのために戦《たたか》いたいんだ。」

「フレデリック、きみの役目《やくめ》は戦《たたか》うことじゃない。ポーランド人《じん》の心《こころ》を音楽《おんがく》にして世界中《せかいじゅう》につたえてくれ。みんな、それをねがっているんだ。」

こうしてショパンは、たったひとりウィーンにのこったのです。

一年前《ねんまえ》、旅行《りょこう》ではじめておとずれたウィーン。そのときにはえんそう会《かい》を開《ひら》き、大《だい》せいこうをおさめました。

しかし、今《いま》はウィーンで親《した》しくしてくれる人《ひと》は、だれもいません。当時《とうじ》、オーストリアはロシアの味方《みかた》でした。ですから、ポーランド人《じん》のショパンと親《した》しくしてくれる人《ひと》がいないのです。えんそう会《かい》を開《ひら》くこともできませんでした。

「これではウィーンにいてもしかたがない。そうだ、パリに行《い》こう。」

フランスの首都《しゅと》、パリに行《い》こうと思《おも》ったのには、いくつかの理由《りゆう》がありました。ショパンのお父《とう》さんがフランス人《じん》だったこと。また、パリは、音楽家《おんがくか》だけでなく画家《がか》や小説家《しょうせつか》などが集《あつ》まる「芸術《げいじゅつ》の都《みやこ》」だったからです。

パリへと向《む》かう旅《たび》の少《すこ》し前《まえ》、ショパンはつらい知《し》らせを聞《き》きました。

ポーランドの市民軍《しみんぐん》が、ロシア軍《ぐん》に負《ま》けたというのです。

ショパンは、ふるさとが大変《たいへん》

なときに、何《なに》もできない自分《じぶん》にいら立《だ》ちました。そんな気持《きも》ちをピアノにぶつけるようにして作曲《さっきょく》したのが、『革命《かくめい》のエチュード』という曲《きょく》です。悲《かな》しみといかりを表現《ひょうげん》した、とてもはげしい曲《きょく》です。

ショパンは、パリで新《あたら》しい生活《せいかつ》を始《はじ》めました。家族《かぞく》や友人《ゆうじん》が無事《ぶじ》だと聞《き》いたのでひとまず安心《あんしん》し、音楽《おんがく》に打《う》ちこむようになりました。えんそう会《かい》もせいこうをおさめ、ショパンはパリの町《まち》で作曲家《さっきょくか》として、ピアニストとして人気《にんき》を高《たか》めていきました。

ポーランドをはなれてから八年《ねん》がたちました。ショパンは二十八歳《さい》のときに、ジョルジュ・サンドという女《おんな》の人《ひと》をすきになりました。ジョルジュは、有名《ゆうめい》な小説家《しょうせつか》でした。「ジョルジュ」と男性《だんせい》の名《な》前《まえ》を名乗《なの》り、まるで男《おとこ》の人《ひと》のような服《ふく》を着《き》ていましたが、とても美《うつく》しい女《おんな》の人《ひと》でした。六歳年上《さいとしうえ》のジョルジュは、ショパンにとって心《こころ》からしんじられる、たよりになる女《おんな》の人《ひと》でした。ジョルジュもそれにこたえ、いろいろと世話《せわ》をしました。

ジョルジュは、体《からだ》が弱《よわ》く病気《びょうき》がちなショパンを心配《しんぱい》していました。

「都会《とかい》の悪《わる》い空気《くうき》は、あなたの体《からだ》によくないわ。気候《きこう》のよいわたしのべっそうに住《す》んだらどうかしら。」

こうして、夏《なつ》はジョルジュのべっ

そうでくらすようになりました。

しずかな村《むら》でジョルジュのやさしさにつつまれながら、ショパンはたくさんの名曲《めいきょく》を作《つく》りました。『英雄《えいゆう》ポロネーズ』という曲《きょく》は、ポーランドを思《おも》いながら作《つく》った曲《きょく》です。

「きっと、いつかポーランドに栄光《えいこう》がおとずれる。」

という気持《きも》ちから生《う》まれた、力強《ちからづよ》い曲《きょく》です。

また、軽《かろ》やかな『小犬《こいぬ》のワルツ』は、ジョルジュのかっている小犬《こいぬ》が、自分《じぶん》のしっぽを追《お》いかけてぐるぐる回《まわ》る動《うご》きを見《み》て生《う》まれた曲《きょく》です。

ショパンは、心《こころ》に感《かん》じた思《おも》いを一つひとつの曲《きょく》にこめていました。作曲《さっきょく》を始《はじ》めると、食《た》べることもねむることもわすれてしまいます。

そのうち、無理《むり》をしては、よくねこんでしまうようになりました。このころからショパンは、結核《けっかく》という病気《びょうき》にかかっていたのです。

やがて、ジョルジュとの幸《しあわ》せな日《ひ》びにも終《お》わりがやってきました。ジョルジュは活発《かっぱつ》なせいかくで、友《とも》だちとおしゃべりしたり、にぎやかにさわいだりすることがすきでした。ショパンはそれを、作《さっ》曲《きょく》のじゃまだと感《かん》じていたのです。

そうしたことからジョルジュとわかれて、ショパンはパリで一人《ひとり》ぐらしを始《はじ》めました。病気《びょうき》はどんどん悪《わる》くなっていきましたが、ショパンはかわらず作曲《さっきょく》に打《う》ちこみつづけました。生活《せいかつ》をささえるため、ピアノの先生《せんせい》の仕事《しごと》もしていました。

三十八歳《さい》になる少《すこ》し前《まえ》、ショパンは六年《ねん》ぶりにパリでえんそう会《かい》を開《ひら》きました。えんそう会《かい》の会場《かいじょう》は満員《まんいん》でした。

「これがパリでの最後《さいご》のコンサートになるかもしれない。」

ショパンは、知《し》っていたのかもしれません。全力《ぜんりょく》を出《だ》しきったすばらしいえんそうに、観客《かんきゃく》は力《ちから》のかぎり、はく手《しゅ》を送《おく》りました。

よく年《ねん》、ショパンはついにベッドから起《お》きあがれなくなってしまいました。ポーランドからかけつけたお姉《ねえ》さんに、こう言《い》いのこしてなくなりました。

「おねがいだ……。ぼくが死《し》んだら、心《しん》ぞうだけはポーランドに持《も》ちかえってくれないか……。」

三十九歳《さい》のわかさで、ショパンはこの世《よ》を去《さ》りました。

「もっと長《なが》く生《い》きていたら、どれだけの名曲《めいきょく》を作《つく》ることができただろう。」

多《おお》くの人《ひと》が、早《はや》すぎる死《し》を悲《かな》しみました。フランスのおはかにうめられましたが、のちに心《しん》ぞうだけは、ショパンのねがいどおり、ポーランドのワルシャワの教会《きょうかい》におさめられました。

ショパンののこした数《かぞ》えきれないほどの名曲《めいきょく》は、今《いま》も世界中《せかいじゅう》の人《ひと》びとに愛《あい》されています。

フレデリック・フランソワ・ショパン
（一八一〇～一八四九年《ねん》）

ホット・チョコレートがすきなショパン

ショパンの大《だい》すきな飲《の》み物《もの》として、ショコラ・ショー（ホット・チョコレート）がありました。ショパンにとって、この飲《の》み物《もの》はつかれを取《と》り、元気《げんき》を取《と》りもどすためのものだったのです。もともと体《からだ》が弱《よわ》くて食《しょく》が細《ほそ》いショパンは、人《ひと》からもっと食《た》べるようにすすめられて食《た》べても、すぐにおなかをこわしてしまいました。身長《しんちょう》百《ひゃく》七十センチメートル、体重《たいじゅう》は四十五キログラム弱《じゃく》だったといわれています。

日本人《じん》女性《じょせい》で
はじめて留学《りゅうがく》をし、
女子《じょし》教育《きょういく》に
力《ちから》をつくした

津《つ》田《だ》梅《うめ》子《こ》

文・入澤宣幸
絵・狩野富貴子

それは、今《いま》から百五十年《ひゃくねん》ほど前《まえ》の一八七一年《ねん》。アメリカへ向《む》かう船《ふね》に、五人《にん》の女《おんな》の子《こ》が乗《の》っていました。

「わあ、海《うみ》が広《ひろ》いなあ！」

八歳《さい》の津田梅子《つだうめこ》は、その中《なか》でいちばん年下《としした》でした。日本にいる家族《かぞく》とわかれ、外国《がいこく》へ勉強《べんきょう》に行《い》くのです。これを留学《りゅうがく》といいます。

このころの日本は、ヨーロッ

パやアメリカの進《すす》んだ文化《ぶんか》を、とりいれようとしていました。日本のせいふは、大人《おとな》だけでなく、女《おんな》の子《こ》も外国《がいこく》の学校《がっこう》で学《まな》ばせようと考《かんが》え、そこで梅子《うめこ》たちが、日本ではじめての女子留学《じょしりゅうがく》生《せい》にえらばれたのです。

今《いま》では留学《りゅうがく》は、それほどめずらしいことではありませんが、当時《とうじ》はいっぱんの人《ひと》には、とくべつなことでした。

一か月《げつ》ほどかかってアメリカへ着《つ》くと、五人《にん》は首都《しゅと》のワシントンへ行《い》き、その後《ご》、べつべつにくらすことになりました。

梅子《うめこ》は、ランマンさんふうふに引《ひ》きとられました。ランマンさんは、日本がアメリカと外交《がいこう》を行《おこな》う役所《やくしょ》ではたらいていました。

「はじめてのところで、ちゃんと生活《せいかつ》できるかな……。」

はじめは不安《ふあん》もあった梅子《うめこ》で

すが、たちまち英語《えいご》をおぼえ、元気《げんき》にすごせるようになりました。学校《がっこう》では、友《とも》だちもたくさんできました。梅子《うめこ》は自分《じぶん》の考《かんが》えを進《すす》んで発言《はつげん》し、のびのび学校生活《がっこうせいかつ》を送《おく》りました。

また、子《こ》どものいないランマンさんふうふに、梅子《うめこ》はわが子《こ》のようにかわいがられました。あちこち旅行《りょこう》へつれていってもらい、知《ち》しきやけいけんをふやしました。

さらに上《うえ》の学校《がっこう》へも進学《しんがく》した梅子《うめこ》は、数学《すうがく》、理科《りか》、フランス語《ご》など、多《おお》くを学《まな》び、それぞれでゆうしゅうなせいせきをおさめました。

こうして十一年《ねん》がすぎました。留学《りゅうがく》もいよいよ終《お》わりです。

「サンキュー、ベリーマッチ！　ランマンさん、長《なが》い間《あいだ》ありがとうございました。ここで学《まな》んだことを、日本で役立《やくだ》てます！」

そう言《い》って日本に帰《かえ》った梅子《うめこ》でしたが、気持《きも》ちはたちまちしずんでしまいました。

「学《まな》んだことを、生《い》かせる仕事《しごと》がない……。」

そのころの日本では、女《おんな》の人《ひと》は男《おとこ》の人《ひと》と同《おな》じようにはあつかわれませんでした。仕事《しごと》をするよりも、けっこんし、家《いえ》で家事《かじ》や子育《こそだ》てをするのがよいと考《かんが》えられていたのです。女《おんな》の人《ひと》がつける仕事《しごと》は、めったにありませんでした。

三年《ねん》がたち、梅子《うめこ》は新《あたら》しく国《くに》が作《つく》った「華族女学校《かぞくじょがっこう》（今《いま》の学習院女子中等科《がくしゅういんじょしちゅうとうか》・高等科《こうとうか》）」の、英語《えいご》の先生《せんせい》になることができました。そこは、お金持《かねも》ちのおじょうさんの通《かよ》う学校《がっこう》でした。

ところが、梅子《うめこ》が一生《いっしょう》けん命《めい》教《おし》えようとしても、生徒《せいと》は、りっぱな男《おとこ》の人《ひと》のおよめさんになればよいと考《かんが》えていて、熱心《ねっしん》に勉強《べんきょう》しません。

「女《おんな》の人《ひと》だって、自分《じぶん》で人生《じんせい》を切《き》りひらいていけるのに。日本の女《おんな》の人《ひと》も、

自分《じぶん》のしたいことができればいいのにな。そうだ、わたしがそれをかなえられる学校《がっこう》を作《つく》ればいいいんだ。」

そう考《かんが》えた梅子《うめこ》は、もっと勉強《べんきょう》するため、ふたたびアメリカに行《い》き、大学《だいがく》に入《はい》りました。

アメリカでは、学校《がっこう》のあり方《かた》や教《おし》え方《かた》について、多《おお》くのことを学《まな》びました。

大学《だいがく》では、生《い》き物《もの》の研究《けんきゅう》を行《おこな》い、

とくに、カエルのたまごの育《そだ》ち方《かた》について発表《はっぴょう》した研究《けんきゅう》は、世界《せかい》でみとめられるほどの、すばらしいできばえでした。

梅子《うめこ》は、研究《けんきゅう》の地道《じみち》な努力《どりょく》を通《つう》じて、ものごとをなしとげていくことの、かちとやりがいを実感《じっかん》しました。

大学《だいがく》のトーマス先生《せんせい》は、これからもアメリカで研究《けんきゅう》をつづけるよう、梅子《うめこ》にすすめました。

しかし、梅子《うめこ》のえた自信《じしん》は、むしろ「自分《じぶん》の手《て》で、女《おんな》の人《ひと》のための学校《がっこう》を作《つく》る」という気持《きも》ちを、ゆるぎないものにしていました。

そこで梅子《うめこ》は、大学留学《だいがくりゅうがく》を終《お》え、日本にもどりました。

その後《ご》梅子《うめこ》は、社会《しゃかい》にこうけんする活動《かつどう》をしている女性《じょせい》が世界中《せかいじゅう》から集《あつ》まる会《かい》に出席《しゅっせき》するため、日本代表《だいひょう》としてふたたびアメリカへわたります。この大会《たいかい》のあと、梅子《うめこ》はヘレン・ケラーに会《あ》いました。

目《め》と耳《みみ》が不自由《ふじゆう》なヘレンは、のちに、人《ひと》びとをすくう活動《かつどう》をした人《ひと》ですが、このとき大学入学《だいがくにゅうがく》を目指《めざ》していました。梅子《うめこ》はヘレンから勇気《ゆうき》をもらい、あらためて教育《きょういく》の大切《たいせつ》さを知《し》りました。

また、イギリスへもわたり、大学《だいがく》で学《まな》ぶとともに、かんごしを育《そだ》てる学校《がっこう》を作《つく》ったナイチンゲールに会《あ》い、はげまされました。

梅子《うめこ》は、いよいよ学校作《がっこうづく》りを始《はじ》めました。

いっしょに留学《りゅうがく》した日本の友《とも》だちや、アメリカの友《とも》だち、お世話《せわ》になったトーマス先生《せんせい》も、お金《かね》を集《あつ》めて、梅子《うめこ》を助《たす》けます。給料《きゅうりょう》なしで英語《えいご》の先生《せんせい》を引《ひ》きうけてくれるアメリカの友《とも》だちもいました。

こうして梅子《うめこ》は、三十七歳《さい》のとき、ついに東京《とうきょう》に学校《がっこう》を開《ひら》きました。名《な》前《まえ》は「女子英学塾《じょしえいがくじゅく》」です。古《ふる》い空《あ》き家《や》をかりた小《ちい》さな校《こう》しゃですが、十人《にん》の生徒《せいと》が集《あつ》まりました。

「ここは英語《えいご》を勉強《べんきょう》するだけの学校《がっこう》ではありません。英語《えいご》を通《とお》して、世界《せかい》に目《め》を向《む》け、はば広《ひろ》い知《ち》しきを身《み》につけましょう。そして、自分《じぶん》で考《かんが》える力《ちから》を身《み》につけましょう。

教育《きょういく》にひつようなのは、校《こう》しゃや、せつびだけではありません。それよりも大切《たいせつ》なのは、わたしたち教師《きょうし》の熱意《ねつい》、そして、あなたたち自身《じしん》の研究心《けんきゅうしん》です。そのためには、努力《どりょく》がひつようです。ほこりをもった生《い》き方《かた》ができるように、心《こころ》もきたえましょう。わたしたちも、全力《ぜんりょく》で教《おし》えます。」

梅子《うめこ》は、力強《ちからづよ》く語《かた》りました。

その言葉《ことば》どおり、授業《じゅぎょう》は、温《あたた》かくもきびしいものでした。梅子《うめこ》と生徒《せいと》たちは、学校《がっこう》に住《す》みこみました。課題《かだい》をみんなで考《かんが》え、英語《えいご》で話《はな》しあう、新《あたら》しい授業《じゅぎょう》がくりひろげられます。土曜日《どようび》は、交代《こうたい》で夕食《ゆうしょく》を作《つく》りました。

こうして生徒《せいと》たちは、一つ一つを自分《じぶん》で考《かんが》えて、行動《こうどう》できる人《ひと》に成長《せいちょう》しました。卒業生《そつぎょうせい》のうち五人《にん》は、英語《えいご》の先生《せんせい》のしかくを取《と》るしけんに合《ごう》かくした、はじめての女《おんな》の人《ひと》となりました。

女子英学塾《じょしえいがくじゅく》は、だんだん生徒数《せいとすう》がふえ、校《こう》しゃは引《ひ》っこして広《ひろ》くなりました。

梅子《うめこ》の強《つよ》い決意《けつい》によって、女《おんな》の人《ひと》が学《まな》ぶことのできるかんきょうが、その後《ご》も広《ひろ》がっていきました。

梅子《うめこ》は、六十六歳《さい》でなくなりました。学校《がっこう》は「津田塾大学《つだじゅくだいがく》」と名《な》前《まえ》をかえ、そこで今《いま》も多《おお》くの女《おんな》の人《ひと》が学《まな》んでいます。

津田梅子《つだうめこ》（一八六四～一九二九年《ねん》）

留学《りゅうがく》をやりとげたのは三人《にん》

梅子《うめこ》以外《いがい》の女子留学生《じょしりゅうがくせい》は、吉益亮子《よしますりょうこ》、上田悌子《うえだていこ》、山川捨松《やまかわすてまつ》、永井繁子《ながいしげこ》といいました。このうち亮子《りょうこ》と悌子《ていこ》は、アメリカに着《つ》いてから体調《たいちょう》をくずしてしまい、十か月《げつ》ほどで日本に帰《かえ》りました。

長《なが》い留学《りゅうがく》をやりとげたのは、梅子《うめこ》、繁《しげ》子《こ》、捨松《すてまつ》の三人《にん》です。三人《にん》はアメリカの生活習《せいかつしゅう》かんや考《かんが》え方《かた》を身《み》につけましたが、帰国後《きこくご》は、日本の生活《せいかつ》になじめませんでした。そこで三人《にん》は、日本でもときどき会《あ》い、なやみを語《かた》りあったといいます。

ヘボン式《しき》
ローマ字《じ》を
作《つく》った

ヘボン

文・入澤宣幸
絵・小野正統

駅《えき》のホームにある駅名表示板《えきめいひょうじばん》。駅《えき》の名《な》前《まえ》が、ひらがなと漢字《かんじ》で大《おお》きく書《か》かれていて、読《よ》みやすいですね。ところで、そのすぐ下《した》に書《か》かれたアルファベットには気《き》づいていましたか。

これは「ローマ字《じ》」といいます。ヨーロッパやアメリカを始《はじ》め、アルファベットを使《つか》う国《くに》の人《ひと》であれば、日本語《にほんご》がわからなくても、ローマ字《じ》のつづりを見《み》て、駅《えき》の名前《なまえ》を発音《はつおん》することができるのです。

いったいローマ字《じ》は、どうして日本に広《ひろ》まったのでしょう。

＊江戸時代《えどじだい》が終《お》わりに近《ちか》づいた一八五九年《ねん》のこと。二人《ふたり》のアメリカ人《じん》が横浜港《よこはまこう》に着《つ》きました。

「船《ふね》で半年《はんとし》もかかって、さすがに大変《たいへん》だったね。」

「ええ、でもこれから楽《たの》しみだわ。」

ヘボンと、つまのクララです。

＊江戸時代《えどじだい》…1603年《ねん》に江戸《えど》（今《いま》の東京都《とうきょうと》）に幕府《ばくふ》がおかれ、1867年《ねん》まで、およそ260年《ねん》つづいた時代《じだい》。

江戸時代《えどじだい》には、それまでのおよそ二百《ひゃく》二十年間《ねんかん》、日本が外国《がいこく》と自由《じゆう》に行《い》き来《き》してはいけない決《き》まりがありました。しかし、このころになって、ようやくアメリカ人《じん》などが、横浜《よこはま》などのいくつかの港《みなと》へ入《はい》ることがゆるされるようになったのです。

ヘボンは、アメリカで医者《いしゃ》をしていました。名医《めいい》として知《し》られ、病院《びょういん》は、かん者《じゃ》でいつもいっぱいでした。

しかしヘボンには、ほかにどうして

もしたいと思《おも》っていたことがありました。それは、キリスト教《きょう》を世《せ》界《かい》につたえることです。

ヘボンは熱心《ねっしん》なキリスト教徒《きょうと》でした。十八年前《ねんまえ》にも、シンガポールや中国《ちゅうごく》へわたり、五年間《ねんかん》キリスト教《きょう》をつたえていました。しかし、クララも自分《じぶん》もマラリアという病気《びょうき》にかかったため、アメリカにもどっていたのです。

日本へ行《い》くことができるようになったので、さっそくヘボンは、家具《かぐ》や家《いえ》を売《う》りはらって、じゅうぶんなお金《かね》を作《つく》り、船《ふね》に飛《と》び乗《の》ったのでした。

しかし、そのころの日本は、まだキリスト教《きょう》がきんじられていました。

(しかたがない。キリスト教《きょう》はきっと、いつかつたえることができるだろう。わたしは日本語《にほんご》もまだよくわかっていないし、まずは日本人《じん》と親《した》しくなろう。)

ヘボンは、横浜《よこはま》の古《ふる》いお寺《てら》をかりて、クララと生活《せいかつ》を始《はじ》めました。散歩《さんぽ》の大《だい》すきなヘボンは、町《まち》の中《なか》や畑《はたけ》など、いろいろなところを歩《ある》いてまわりました。

「おい、外国人《がいこくじん》がうろうろしているぞ。」

「まさか、どろぼうじゃないだろうな。」

横浜《よこはま》の人《ひと》びとは、ヘボンをあやしみながら、ちらちら見《み》ていました。その中《なか》に、まぶたがはれて目《め》やにがたくさん出《で》ている人《ひと》がいました。目《め》の病気《びょうき》だと、ヘボンは気《き》づきました。そして、言葉《ことば》はわか

らなくても、ちりょうならできると思《おも》いました。

「ヘボンでござります。」

ヘボンは、船《ふね》の中《なか》でおぼえた日本語《にほんご》を大《おお》きな声《こえ》で言《い》い、近《ちか》づいていきました。

そして、自分《じぶん》の目《め》を指《ゆび》さしながら、ちょうど持《も》っていた目薬《めぐすり》を取《と》りだすと、その人《ひと》に目薬《めぐすり》をさしました。

「あ、気持《きも》ちいい……。なんか楽《らく》になったぞ。」

目《め》をぱちぱちしているようすを見《み》て、

ヘボンもうれしくなりました。その人《ひと》は、その後《ご》もヘボンのお寺《てら》へ通《かよ》ってちりょうを受《う》け、すっかりよくなりました。

その話《はなし》を人《ひと》から聞《き》いた、ほかの人《ひと》たちも、ヘボンをたずねてきました。その人《ひと》たちの目《め》の病気《びょうき》も、ヘボンのちりょうで、なおりました。みんな大《おお》よろこびしました。

当時《とうじ》の日本人《じん》のほとんどは、せいけつなくらしをしていませんでした。よごれた手《て》ぬぐいを使《つか》いまわすこともあり、目《め》の病気《びょうき》の人《ひと》が多《おお》かったのです。

ヘボンは、人《ひと》びとの病気《びょうき》のちりょうをしながら言葉《ことば》を学《まな》ぶことにしました。ヘボンは、まず「これはなんですか?」という言葉《ことば》をおぼえました。そして親《した》しくなったかん者《じゃ》さんに、いろいろな物《もの》を指《さ》してはたずね、日本語《にほんご》の勉強《べんきょう》をしました。

横浜《よこはま》の人《ひと》たちも、ヘボンが話《はな》す言葉《ことば》が英語《えいご》だと知《し》り、英語《えいご》をおぼえたいと思《おも》う人《ひと》が出《で》てきました。また、ヘボンが食事《しょくじ》のとき、手《て》を組《く》んでおいのりをしていることにも気《き》づきました。

「ヘボンさんのおがみ方《かた》は、おれたちが神《かみ》だなに手《て》を合《あ》わせるのとはちがうんだね。どういう神様《かみさま》なんだい。」

そう言《い》って、キリスト教《きょう》に関心《かんしん》をもつ人《ひと》もあらわれました。

（日本人《じん》は、新《あたら》しいものを知《し》ろうとする、好奇心《こうきしん》のある人《ひと》たちなんだな。）

ヘボンは、これから多《おお》くのアメリカ人《じん》が日本へ来《き》て、日本人《じん》と親《した》しくなるべきだと考《かんが》えました。また、キリスト教《きょう》をつたえるためにも、日本語《にほんご》を英語《えいご》で表《あらわ》す辞書《じしょ》がひつようだと感《かん》じました。

ヘボンは、時間《じかん》を見《み》つけては辞書作《じしょづく》りを始《はじ》めました。

一方《いっぽう》、ヘボンに病気《びょうき》をみてもらおうとやってくる人《ひと》は、あとをたちませんでした。結核《けっかく》の人《ひと》、皮《ひ》ふ病《びょう》の人《ひと》、大《おお》きなおできができた人《ひと》……。いろいろな人《ひと》が遠《とお》くからもやってきました。けがのために足《あし》が

くさってしまった人《ひと》もいました。ヘボンはその人《ひと》に、大《おお》がかりな手《しゅ》術《じゅつ》もしました。

ヘボンは、ちりょうをしても、お金《かね》を受《う》けとりませんでした。ヘボンに感謝《かんしゃ》して、たまごや野菜《やさい》をおいていく人《ひと》もいましたが、何《なに》もわたすものがない、まずしい人《ひと》もおおぜいいました。しかし、ヘボンはどんな人《ひと》でも分《わ》けへだてなく、全力《ぜんりょく》でちりょうしました。

（日本人《じん》とともに生《い》きるように、わたしは神《かみ》にみちびかれているのかもしれない。）

ヘボンは、そう思《おも》っていました。

辞書作《じしょづく》りも少《すこ》しずつ進《すす》みました。ヘボン

は、英語《えいご》を話《はな》す人《ひと》たちが日本語《にほんご》をすんなり読《よ》めるように、言葉《ことば》をアルファベットで表《あらわ》しました。

(アイウエオはＡＩＵＥＯと表《あらわ》そう。――日本語《にほんご》で愛《あい》は『ＡＩ《アイ》』と発音《はつおん》する。意味《いみ》は『love《ラブ》』――うん! わかりやすいぞ。)

ヘボンはついに、約《やく》三万語《まんご》を集《あつ》めた辞書《じしょ》を作《つく》りあげました。この辞書《じしょ》で使《つか》ったのがローマ字《じ》です。日本に来《き》て、七年《ねん》七か月《げつ》がたっていました。

日本は、江戸時代《えどじだい》から明治時代《めいじじだい》にかわり、キリスト教《きょう》もゆるされるようになりました。ヘボンは、どうどうとキリスト教《きょう》を広《ひろ》める活《かつ》動《どう》をしました。そして、キリストの教《おし》えを書《か》いた「聖書《せいしょ》」の、日本《にほん》語版《ごばん》も作《つく》りあげました。

さらに多《おお》くの言葉《ことば》を集《あつ》め、五万語《まんご》以上《いじょう》をおさめた辞書《じしょ》も作《つく》りました。ローマ字《じ》のつづりの決《き》まりも、さらに整《ととの》えました。これが、のちの「ヘボン式《しき》ローマ字《じ》」とよばれるもので、今《いま》でも駅《えき》の表示《ひょうじ》やパスポートなどに使《つか》われています。

辞書《じしょ》は外国《がいこく》の人《ひと》が使《つか》うばかりでなく、英語《えいご》を勉強《べんきょう》したい日本の学生《がくせい》にも大《おお》いに役立《やくだ》ちました。ヘボンは、日本のわか者《もの》に医学《いがく》を教《おし》え、さらにクララとともに、英語《えいご》などを学《まな》べる塾《じゅく》や学校《がっこう》もつくりました。この塾《じゅく》や学校《がっこう》からは、のちの総理《そうり》大《だい》臣《じん》となる高橋是清《たかはしこれきよ》や、作家《さっか》や詩人《しじん》として有名《ゆうめい》な島崎藤村《しまざきとうそん》が出《で》ています。

やがて、年《とし》をとって体《からだ》の自由《じゆう》がきかなくなってきたヘボンは、七十七歳《さい》で、つまのクララとなれ親《した》しんだ日本を去《さ》りました。日本語《にほんご》と英語《えいご》の橋《はし》わたしに力《ちから》をつくしたヘボン。わたしたち日本人《じん》に、大《おお》きなえいきょうをあたえた外国人《がいこくじん》の一人《ひとり》です。

ジェームス・カーティス・ヘボン
（一八一五～一九一一年《ねん》）

名医《めいい》、平文先生《へぼんせんせい》

あるとき、ヘボンは当時大人気《とうじだいにんき》のかぶき役者《やくしゃ》、沢村田之助《さわむらたのすけ》の手術《しゅじゅつ》をすることになりました。ぶたいから落《お》ちて、右足《みぎあし》を切断《せつだん》することになったのです。手術《しゅじゅつ》は、大《だい》せいこう。ヘボンは田之助《たのすけ》のために、アメリカからゴムの義足《ぎそく》を取《と》りよせました。日本ではじめての義足《ぎそく》です。

義足《ぎそく》をつけた田之助《たのすけ》のぶたいは大《だい》ひょうばんとなり、ヘボンの名《な》は、かわら版《ばん》（当時《とうじ》の新聞《しんぶん》）で「名医《めいい》、平文先生《へぼんせんせい》」として日本中《じゅう》に知《し》れわたりました。

どれい解放《かいほう》を
となえた
大統領《だいとうりょう》

リンカーン

文・入澤宣幸
絵・福田ゆうこ

今《いま》から二百年《ひゃくねん》ほど前《まえ》のアメリカ。林《はやし》の中《なか》で、せの高《たか》い男《おとこ》の子《こ》が、木《き》の切《き》りかぶにこしを下《お》ろし、むちゅうで本《ほん》を読《よ》んでいます。今日《きょう》も家《いえ》の仕事《しごと》の手《て》つだいで学校《がっこう》へ行《い》けないのですが、少《すこ》しの時間《じかん》を見《み》つけては読書《どくしょ》をしているのです。

「エイブ、丸太《まるた》をもう少《すこ》し切《き》ってくれ。」

「はあい、お父《とう》さん。」

男《おとこ》の子《こ》はすぐに立《た》ちあがり、おのをふるいはじめました。木《き》を次《つぎ》つぎ切《き》りたおしていきます。

この男《おとこ》の子《こ》こそ、のちにアメリカのれきしをかえる大統領《だいとうりょう》となる、エイブラハム・リンカーンです。

エイブの家《いえ》は、丸太《まるた》でまわりをかこって屋根《やね》をつけただけのそまつな家《いえ》でした。本《ほん》を買《か》うお金《かね》もなかったので、本《ほん》を持《も》っている人《ひと》がいると聞《き》くと、たとえ遠《とお》くても、かしてもらえないかとたのみに行《い》きました。今《いま》くり返《かえ》し読《よ》んでいる本《ほん》も、かりた本《ほん》です。ワシントンという、アメリカさいしょの大統領《だいとうりょう》の伝記《でんき》です。

アメリカは、げんざい世界《せかい》のリーダー国《こく》の一つですが、大昔《おおむかし》からあった国《くに》ではありません。ネイティブアメリカンとよばれる人《ひと》たちが住《す》んでいた地《ち》いきに、五百年《ひゃくねん》くらい前《まえ》に、ヨーロッパ人《じん》が上陸《じょうりく》して、その後《ご》できた国《くに》です。

一七七六年《ねん》、「人間《にんげん》はみな平等《びょうどう》である。だれもが自由《じゆう》で幸《しあわ》せになるべきである」という独立宣言《どくりつせんげん》を出《だ》し、一七八三年《ねん》にイギリスから独《どく》立《りつ》し、国《くに》ができました。エイブのおじいさんは、このときエイブの生《う》まれた地《ち》いきへやってきて、林《はやし》を切《き》りひらき、家《いえ》と畑《はたけ》を作《つく》ったのです。

自由《じゆう》で平等《びょうどう》な国作《くにづく》りを目指《めざ》したワシントンは、みんなにうやまわれました。エイブも、勇気《ゆうき》と思《おも》いやりのあるワシントンに強《つよ》くあこがれていました。

ある夜《よる》、ワシントンの伝記《でんき》をまくらもとにおいてねていたエイブは、はげしい雨音《あまおと》で目《め》をさましました。天《てん》じょうから雨《あめ》が流《なが》れこみ、伝記《でんき》がびしょぬれになっていました。

「大変《たいへん》だ!」

かわかしても紙《かみ》はよれよれで、本《ほん》は元《もと》どおりにはなりませんでした。エイブは、かしてくれた人《ひと》のところへ行《い》き、正直《しょうじき》に話《はな》しました。

「ぼくが不注意《ふちゅうい》でした。ごめんなさい。……でも、ぼくには買《か》ってお返《かえ》しするお金《かね》がありません。どうかおじさんの畑《はたけ》で、はたらかせてください。」

エイブは、家《いえ》の力仕事《ちからしごと》だけでなく、ここでも一生《いっしょう》けん命《めい》はたらきました。本《ほん》をかしてくれたおじさんは、エイブにすっかり感心《かんしん》し、

「きみは正直《しょうじき》な少年《しょうねん》だ。この本《ほん》はきみにあげよう。」

と言《い》ってくれました。

エイブはけんかをしないことで有名《ゆうめい》でした。自分《じぶん》と意見《いけん》が合《あ》わないと感《かん》じた人《ひと》がいても、きらったりさけたりせずに、まずなかよくすることにしていました。親《した》しくなって話《はな》せば、気持《きも》ちはかならず通《つう》じあうとしんじていたのです。だからエイブには、友《とも》だちがたくさんいました。

十九歳《さい》になったエイブが、畑仕事《はたけしごと》をしていたある日《ひ》のこと、畑《はたけ》の持《も》ち主《ぬし》が来《き》て言《い》いました。

「きみを見《み》こんで、たのみがある。南部《なんぶ》へ行《い》ってきてくれないか。川《かわ》を二千《せん》キロほど下《くだ》るんだが、お金《かね》をかせぐチャンスだぞ。」

「ありがとうございます。がんばります。」

エイブはさっそく木《き》を切《き》って、かんたんな船《ふね》を作《つく》り、出発《しゅっぱつ》しました。何日《なんにち》もかけてニューオーリンズという南部《なんぶ》の町《まち》に着《つ》くと、「どれい市《いち》場《ば》」のかん板《ばん》が目《め》にとまりました。

「そういえば、南部《なんぶ》の人《ひと》はあたりまえのようにどれいを使《つか》っていると聞《き》く。もしや……。」

広場《ひろば》の建物《たてもの》に入《はい》ってみると、シャツ一まいの黒人《こくじん》が台《だい》に立《た》たされていました。

「さあ、買《か》った、買《か》った！　よくはたらくよ。」

太《ふと》った男《おとこ》が声《こえ》をはりあげています。集《あつ》まった

たくさんの白人《はくじん》たちが大声《おおごえ》でねだんを言《い》い、いちばん高《たか》いねだんを言《い》った人《ひと》がその黒人《こくじん》になわをつけてつれていきました。さらに黒人《こくじん》は馬《うま》と同《おな》じ速《はや》さで歩《ある》くようにと、ムチで打《う》たれていたのです。

十歳《さい》くらいの子《こ》どもも、赤《あか》ちゃんをだいた女《おんな》の人《ひと》も、べつの人《ひと》に

買《か》われていきました。

「人間《にんげん》が、人間《にんげん》を売《う》り買《か》いするなんて……。」

仕事《しごと》はうまくいきましたが、エイブはそのよろこびがふきとぶほどのショックを受《う》けました。

あたたかい南部《なんぶ》では、広大《こうだい》な畑《はたけ》でわたが作《つく》られ、黒人《こくじん》どれいは、おもに農家《のうか》のはたらき手《て》として買《か》われていたのです。作《つく》られたわたは、洋服《ようふく》のざいりょうとして、イギリスがどんどん買《か》ってくれました。南部《なんぶ》では次《つぎ》つぎ畑《はたけ》を広《ひろ》げ、はたらき手《て》がいつも不足《ふそく》していました。そこでアフリカから黒人《こくじん》をつれてくることにしたのです。おおぜいの黒人《こくじん》が船《ふね》の荷物倉庫《にもつそうこ》におしこまれ、無理《むり》やり南部《なんぶ》へ運《はこ》ばれてきました。

（アメリカが自由《じゆう》と平等《びょうどう》の国《くに》だなんて、うそだ。）

エイブは、くちびるをかみました。

大人《おとな》になり、ひとり立《だ》ちしたエイブラハム・リンカーンは、あこがれのワシントンと同《おな》じ、政治家《せいじか》を目指《めざ》しました。議員《ぎいん》に立《りっ》こうほし、二度目《どめ》で当選《とうせん》すると、仕事《しごと》をしながら、ほうりつの勉強《べんきょう》もしました。そして、べんごしのしかくを取《と》りました。

リンカーンが政治家《せいじか》として力《ちから》をつけていく一方《いっぽう》で、アメリカのわたの生産《せいさん》はますますふえ、どれいの数《かず》もそれにつれてふえました。一八六〇年《ねん》には、南部《なんぶ》の白人《はくじん》が八百万人《ぴゃくまんにん》なのに対《たい》し、南部《なんぶ》のどれいは四百万人《ひゃくまんにん》にもなっていました。どれい制度《せいど》のない北部《ほくぶ》では、南《なん》部《ぶ》のどれい制度《せいど》に反対《はんたい》する人《ひと》が多《おお》くなりました。でも、南部《なんぶ》の人《ひと》は、

南部《なんぶ》がこれからも発《はっ》てんするにはどれいはひつようだと言《い》いはりました。北部《ほくぶ》と南部《なんぶ》のなかはどんどん悪《わる》くなり、あらそいがたえなくなっていました。

そんな中《なか》、リンカーンが大統領《だいとうりょう》にえらばれました。リンカーンはどれい制度《せいど》に反対《はんたい》でしたが、南部《なんぶ》の人《ひと》の生活《せいかつ》もだいじにしました。どれい制度《せいど》がいきなりなくなったら、わた畑《ばたけ》はだめになってしまうかもしれませんし、どれいだった黒人《こくじん》もすぐに新《あたら》しい仕《し》事《ごと》につけるとはかぎりません。そんなリンカーンを、こしぬけだとせめる人《ひと》も、北部《ほくぶ》の中《なか》にあらわれました。

そしてついに、北部《ほくぶ》と南部《なんぶ》の戦争《せんそう》が始《はじ》まりました。南北戦争《なんぼくせんそう》です。

おおぜいの兵士《へいし》が死《し》んでいきます。

「いかん！　このままでは、アメリカがほろんでしまう！」

　リンカーンは頭《あたま》をかかえました。南軍《なんぐん》の強《つよ》さは予想以上《よそういじょう》で、北軍《ほくぐん》を次《つぎ》つぎたおしてせめてきます。

「ぜったいに、この国《くに》をばらばらにしてはならない。」

「人間《にんげん》はだれもが自由《じゆう》で平等《びょうどう》だと言《い》った、独立宣言《どくりつせんげん》を思《おも》いだそう！」

リンカーンは人《ひと》びとに語《かた》りかけました。

そして、一八六三年《ねん》の一月《がつ》「どれい解放《かいほう》宣言《せんげん》」を出《だ》しました。この宣言《せんげん》は、アメリカ国内《こくない》だけでなく、まわりの国《くに》ぐににも、つたわりました。南部《なんぶ》のわたを買《か》っていたイギリスでも、どれい制度《せいど》に反対《はんたい》する人《ひと》が多《おお》くなりました。

だんけつし、いきおいづいた北軍《ほくぐん》は、南軍《なんぐん》をおし返《かえ》しはじめました。自由《じゆう》になったどれいたちも北軍《ほくぐん》にくわわり、北軍《ほくぐん》は南軍《なんぐん》に勝《か》ちました。

南北戦争《なんぼくせんそう》が終《お》わり、どれいが解放《かいほう》されたとはいっても、すぐに黒《こく》人《じん》が白人《はくじん》と平等《びょうどう》にあつかわれることはありませんでした。けれども、アメリカの人《ひと》びとは、これをきっかけに、ふたたび本当《ほんとう》の自由《じゆう》と平《びょう》等《どう》を目指《めざ》した国作《くにづく》りを始《はじ》めたのです。「自由《じゆう》と平等《びょうどう》」という、リンカーンの理想《りそう》は、今《いま》では全世界《ぜんせかい》の理想《りそう》となって生《い》きつづけています。

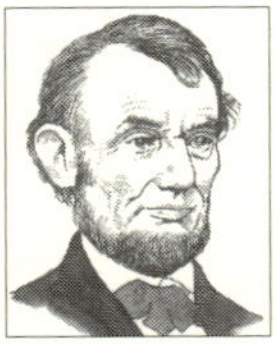

エイブラハム・リンカーン
（一八〇九～一八六五年《ねん》）

「人民《じんみん》の、人民《じんみん》による、人民《じんみん》のための政治《せいじ》」

リンカーンの名言《めいげん》でとくに有名《ゆうめい》なのは、「人民《じんみん》の、人民《じんみん》による、人民《じんみん》のための政《せい》治《じ》」という言葉《ことば》です。一八六三年《ねん》、南北《なんぼく》戦争《せんそう》の戦地《せんち》・ゲティスバーグでのえんぜつで言《い》われたものです。わずか2、3分《ぷん》の短《みじか》いえんぜつだったため、新聞会社《しんぶんがいしゃ》のカメラマンたちは、写真《しゃしん》をとりそこねたといわれています。えんぜつは新聞《しんぶん》に取《と》りあげられ、やがて国民《こくみん》に受《う》けいれられて、リンカーンはよく年《ねん》、ふたたび大統《だいとう》領《りょう》にえらばれました。

天下統一《てんかとういつ》を
なしとげた

豊《とよ》臣《とみ》 秀《ひで》吉《よし》

文・鶴川たくじ
絵・藤原良二

今《いま》から五百年《ひゃくねん》ほど昔《むかし》、日本は一つの国《くに》としてまとまってはいませんでした。いくつもの国《くに》に分《わ》かれ、それぞれの国《くに》をおさめる大名《だいみょう》がいました。そして、たがいに国《くに》を取《と》ったり取《と》られたりの戦《たたか》いに明《あ》けくれていたのです。この時代《じだい》のことを、戦国時代《せんごくじだい》といいます。

豊臣秀吉《とよとみひでよし》は、そんな戦国時代《せんごくじだい》まっただ中《なか》の一五三七年《ねん》に、尾張《おわり》の国《くに》（今《いま》の愛知県西部《あいちけんせいぶ》）に生《う》まれ、やがて天下《てんか》を統一《とういつ》した戦国大名《せんごくだいみょう》です。

といっても、秀吉《ひでよし》は大名《だいみょう》の家《いえ》に生《う》まれたのではありません。農家《のうか》の出身《しゅっしん》なのです。では、秀吉《ひでよし》は、どうやって日本をおさめるまでに出《しゅっ》世《せ》したのでしょうか――。

「おれは武士《ぶし》になって天下《てんか》を取《と》るんだ！」

十五歳《さい》になると、秀吉《ひでよし》は大《おお》きなゆめをもって家《いえ》を出《で》ました。

武士《ぶし》になるには、まず武士《ぶし》の家来《けらい》にならなければ始《はじ》まりません。どうせなら大物《おおもの》の家来《けらい》がいいと、駿河《するが》の国《くに》（今《いま》の静岡県中《しずおかけんちゅう》部《ぶ》）の今川義元《いまがわよしもと》に仕《つか》えようとしましたが、しっぱい。けっきょく、十八歳《さい》のときに、地元《じもと》尾張《おわり》の織田信長《おだのぶなが》に仕《つか》えることになりました。

ところが、これが秀吉《ひでよし》にとって幸運《こううん》だったのです。

信長《のぶなが》は、当時《とうじ》としてはとても進《すす》んだ考《かんが》えの持《も》ち主《ぬし》で、家来《けらい》の身分《みぶん》や出身《しゅっしん》に関係《かんけい》なく、能力《のうりょく》のある者《もの》を取《と》りたてて使《つか》ったからです。よく気《き》がつき、ちえがはたらき、いつでも一生《いっしょう》けん命《めい》はたらく秀《ひで》吉《よし》は、信長《のぶなが》に大変《たいへん》かわいがられました。

あるとき、城《しろ》の石《いし》がきがあらしてくずれ、その修理《しゅうり》がおくれていると聞《き》くと、秀吉《ひでよし》は工事《こうじ》のしきを買《か》ってでました。

「信長様《のぶながさま》、わたしに三日《みっか》だけ時間《じかん》をください。」

「なに、三日《みっか》だと。ほかの者《もの》が一月《ひとつき》かけても進《すす》まんのだぞ。」

「だいじょうぶです。おまかせください。」

秀吉《ひでよし》は職人《しょくにん》たちを十の組《くみ》に分《わ》けると、同《おな》じりょうの仕事《しごと》をふりわけ、いちばん早《はや》く仕上《しあ》げた組《くみ》にほうびをやると、やくそくしたのです。すると、十組《くみ》がきょうそうして、工事《こうじ》がはかどること、はかどること。本当《ほんとう》にたったの三日《みっか》で修理《しゅうり》が終《お》わってしまいました。

仕事《しごと》で信長《のぶなが》にみとめられるにつれ、秀吉《ひでよし》の身分《みぶん》は、いちばんひく

い小者《こもの》から、小者頭《こものがしら》、足軽《あしがる》、足軽大将《あしがるたいしょう》へと、とんとんびょうしに出《しゅっ》世《せ》していきました。

一方《いっぽう》、主人《しゅじん》の信長《のぶなが》は、一五六〇年《ねん》、日本中《じゅう》にその名《な》をとどろかせます。天下取《てんかと》りにいちばん近《ちか》いと見《み》られていた今川義元《いまがわよしもと》をやぶり、代《か》わりに、天下取《てんかと》りあらそいの一番《ばん》手《て》におどりでたのです。

その後《ご》、信長《のぶなが》は支配《しはい》する領土《りょうど》を広《ひろ》げていきました。その間《あいだ》に、秀吉《ひでよし》は兵《へい》をひきいる武将《ぶしょう》になりました。

一五六六年《ねん》、信長《のぶなが》は斎藤龍興《さいとうたつおき》がおさめる、

美濃《みの》の国《くに》（今《いま》の岐阜県南部《ぎふけんなんぶ》）を取《と》ろうと、てきの稲葉山城《いなばやまじょう》をせめますが、なかなか落《お》とせませんでした。そこで、稲葉山城《いなばやまじょう》に近《ちか》い墨俣《すのまた》という場所《ばしょ》に城《しろ》をきずいて、こうげきのための基地《きち》にしようと考《かんが》えました。

ところが、織田《おだ》のすぐれた武将《ぶしょう》たちが何度《なんど》城《しろ》づくりにいどんでも、斎藤軍《さいとうぐん》のこうげきを受《う》けてしっぱいします。

「だれか、墨俣《すのまた》に城《しろ》をきずける者《もの》はおらんのか！」

信長《のぶなが》のいらいらは、今《いま》にも、ばく発《はつ》しそうです。そのとき、

「わたしにやらせてください。いい考《かんが》えがあります。」

と名乗《なの》り出《で》たのが秀吉《ひでよし》でした。

秀吉《ひでよし》の作戦《さくせん》はこうでした。
一、城《しろ》の予定地《よていち》のまわりにさくをめぐらせて、中《なか》が見《み》えないようにする。
二、山《やま》でけんちく用《よう》の材木《ざいもく》を切《き》りだし、せっけい図《ず》どおりに組《く》みたてられるかたしかめてからばらし、今度《こんど》はいかだに組《く》む。
三、一気《いっき》に川《かわ》を下《くだ》って、いかだを運《はこ》ぶ。
四、それを墨俣近《すのまたちか》くで引《ひ》きあげて、さくの中《なか》に運《はこ》びいれる。
五、いかだをばらして城《しろ》をきずいていく。
墨俣《すのまた》が、三つの大《おお》きな川《かわ》の集《あつ》まった場所《ばしょ》であることを利用《りよう》した作《さく》戦《せん》です。しかも、三と四はすべて夜《よる》の間《あいだ》に行《おこな》ったので、てきに気《き》づかれないまま、一月《ひとつき》でみごとに城《しろ》をかんせいさせてしまいました。てきにしてみれば、さくが取《と》りはらわれたときに、とつぜん城《しろ》が

あらわれたわけです。「一夜《いちや》で城《しろ》をきずいたのか！」と、びっくりぎょうてんしたことから、人《ひと》よんで「墨俣《すのまた》の一夜城《いちやじょう》」。まもなく信長《のぶなが》は稲葉山城《いなばやまじょう》をせめ落《お》として斎藤氏《さいとうし》をやぶり、美濃《みの》の国《くに》を手《て》に入《い》れました。

秀吉《ひでよし》は、一五七三年《ねん》の、浅井《あざい》・朝倉氏《あさくらし》をほろぼした戦《たたか》いでも大活《だいかつ》やく。ほうびとして、北近江《きたおうみ》（今《いま》の滋賀県北部《しがけんほくぶ》）の地《ち》をあたえられ、三十七歳《さい》にして、城《しろ》を持《も》つ大名《だいみょう》にまで出世《しゅっせ》しました。

そして、時《とき》は一五八二年《ねん》になり

ました。信長《のぶなが》の天下取《てんかと》りもいよいよ最終《さいしゅう》だん階《かい》です。しかし、まだ一人《ひとり》、手《て》ごわいてきがのこっていました。中国地方《ちゅうごくちほう》の毛利輝元《もうりてるもと》です。信長《のぶなが》は先《さき》に秀吉《ひでよし》を中国地方《ちゅうごくちほう》へ送《おく》り、あとで自分《じぶん》もかけつける予定《よてい》で、京都《きょうと》の本能寺《ほんのうじ》に宿《やど》をとりました。

ところが、家来《けらい》の明智光秀《あけちみつひで》が、むほん*を起《お》こしたのです。主人《しゅじん》の信長《のぶなが》に代《か》わり天下《てんか》を取《と》ろうと、とつぜん本能寺《ほんのうじ》をおそい、追《お》いつめられた信《のぶ》長《なが》は、自《みずか》ら命《いのち》をたったのでした。

そのとき、秀吉《ひでよし》は中国地方《ちゅうごくちほう》で戦《たたか》っていましたが、事件《じけん》を知《し》ると、毛利《もうり》

＊むほん…家来《けらい》が主君《しゅくん》にさからうこと。

との戦《たたか》いをいったん中止《ちゅうし》して、すぐに京都《きょうと》に向《む》かいました。

「信長様《のぶながさま》のかたき、にっくき光秀《みつひで》に天下《てんか》を取《と》らせてなるものか。みなの者《もの》、急《いそ》げ！　歩兵《ほへい》は走《はし》れ！　騎《き》兵《へい》は馬《うま》をとばせ！」

秀吉《ひでよし》はありったけの金銀《きんぎん》と食料《しょくりょう》を兵《へい》たちに分《わ》けあたえて、みんなのやる気《き》を高《たか》めました。そして、二百《ひゃく》キロメートルもの道《みち》のりを、たったの六日《むいか》で走《はし》りきってしまいました。

今《いま》とちがい道《みち》も悪《わる》く明《あ》かりもない時代《じだい》に、二万《まん》五千《せん》もの大軍《たいぐん》が、そんな速《はや》さで移動《いどう》するなんて、だれもしんじられないことでした。

「そんなばかな……。どうやって、こんなに早《はや》く……。」

秀吉《ひでよし》の軍《ぐん》を目《め》にして、いちばんおどろいたのは光秀《みつひで》でしょう。じゅんびができていないまま戦《たたか》ったのでは、とうてい勝《か》ち目《め》はありません。光秀《みつひで》は、にげるとちゅうで農民《のうみん》に竹《たけ》やりでつきころされるという、あわれな最期《さいご》をとげました。

そして、秀吉《ひでよし》は、光秀《みつひで》をほろぼしたこのときにはじめて、

「信長様《のぶながさま》のはたせなかったゆめは、このわたしがはたす。」

と、天下取《てんかと》りに名乗《なの》りを上《あ》げたのでした。

その後《ご》、秀吉《ひでよし》は、ほかの大名《だいみょう》たちをすべて配下《はいか》におき、一五九〇年《ねん》、ついに天下《てんか》を統一《とういつ》しました。

豊臣秀吉《とよとみひでよし》

（一五三七～一五九八年《ねん》）

昔《むかし》の恩《おん》をわすれなかった

秀吉《ひでよし》は武士《ぶし》になるために、十五歳《さい》で家《いえ》を出《で》ました。さいしょに仕《つか》えたのは、今《いま》川義元《がわよしもと》の家来《けらい》の松下加兵衛《まつしたかへえ》でした。加兵《かへ》衛《え》は秀吉《ひでよし》を大変《たいへん》かわいがりました。

その後《ご》、秀吉《ひでよし》は織田信長《おだのぶなが》の家来《けらい》となり、どんどん出世《しゅっせ》しますが、加兵衛《かへえ》への感謝《かんしゃ》の気持《きも》ちをわすれませんでした。

今川義元《いまがわよしもと》が信長《のぶなが》にたおされたのち、おちぶれていた加兵衛《かへえ》を、秀吉《ひでよし》は自分《じぶん》の家《け》来《らい》としてまねいて、領地《りょうち》をあたえ、大名《だいみょう》にとりたてたのでした。

日本全国《ぜんこく》を歩《ある》いて
正確《せいかく》な地図《ちず》を
作《つく》った

文・星 明子
絵・いずみ朔庵

伊《い》能《のう》忠《ただ》敬《たか》

今《いま》から二百《ひゃく》年《ねん》以上《いじょう》昔《むかし》、江戸時代《えどじだい》のこと。日本全国《ぜんこく》を歩《ある》いて、地図《ちず》を作《つく》った人《ひと》がいました。その人《ひと》の名前《なまえ》は、伊能《いのう》忠敬《ただたか》。千葉《ちば》の名門《めいもん》、伊能家《いのうけ》の「ごいんきょさん」です。小《ちい》さなころから学問《がくもん》がすきでしたが、伊能家《いのうけ》のあとをついで商売《しょうばい》をしていたので、思《おも》うように勉《べん》強《きょう》ができませんでした。仕事《しごと》を息子《むすこ》にゆずり、引《いん》たいしたときには、もう五十歳《さい》でした。

（さあ、これからは、大《だい》すきな学問《がくもん》を、思《おも》うぞんぶんにするぞ。そして、大《おお》きなことをなしとげたい！）

忠敬《ただたか》は、江戸《えど》（今《いま》の東京《とうきょう》）で一番《いちばん》の天文学者《てんもんがくしゃ》、高橋至時《たかはしよしとき》の弟子《でし》になり、熱心《ねっしん》に勉強《べんきょう》しました。高橋先生《たかはしせんせい》は三十二歳《さい》。親子《おやこ》くらい年《とし》のはなれた先生《せんせい》です。星《ほし》をかんさつして、こよみを作《つく》る幕府《ばくふ》の役人《やくにん》でもありました。

そのころ、世界中《せかいじゅう》の学者《がくしゃ》たちの間《あいだ》では『地球《ちきゅう》一周分《しゅうぶん》の長《なが》さはどれくらいか』ということが話題《わだい》になっていました。忠敬《ただたか》も、

そのなん問《もん》にちょうせんし、むちゅうで計算《けいさん》しています。

高橋先生《たかはしせんせい》は、（あんなむずかしい問題《もんだい》にいどむとは……。伊能《いのう》さんは見《み》どころがある）と、感心《かんしん》しました。

このころの日本は、外国《がいこく》とのつきあいをせいげんしていましたが、蝦夷《えぞ》（今《いま》の北海道《ほっかいどう》）にロシアの船《ふね》が来《く》るなど、あやしい動《うご》きがありました。そこで幕府《ばくふ》は、国《くに》を守《まも》るため、蝦夷《えぞ》の正確《せいかく》な地図《ちず》を作《つく》ろうと考《かんが》えました。

それを知《し》った高橋先生《たかはしせんせい》の頭《あたま》に思《おも》いうかんだのは、忠敬《ただたか》の顔《かお》でした。

「ちょうせんするしせい、熱心《ねっしん》さ……。あなた以上《いじょう》にぴったりな人《ひと》はいません。伊能《いのう》さん、やってみませんか。蝦夷《えぞ》の測量《そくりょう》をさせてほしいと、幕府《ばくふ》にねがいでるのです。」

楽《らく》な旅《たび》ではありません。道具《どうぐ》も、お金《かね》も足《た》りないので、自分《じぶん》で出《だ》さなければなりません。

しかも、忠敬《ただたか》は五十六歳《さい》になっていました。大変《たいへん》なのは目《め》に見《み》えています。でも、忠敬《ただたか》は引《ひ》きうけました。

「はい。ぜひ、わたしにやらせてください。」

忠敬《ただたか》は、「御用《ごよう》」のはたをもらいました。これは、幕府《ばくふ》の仕事《しごと》をしているというしるしです。やりがいを感《かん》じました。大《おお》きな仕事《しごと》を前《まえ》にして、忠敬《ただたか》の小《ちい》さな目《め》は、生《い》き生《い》きとかがやき、まるで青年《せいねん》のよう。

「では、高橋先生《たかはしせんせい》、行《い》ってきます。」

江戸《えど》を出発《しゅっぱつ》し、方角《ほうがく》ときょりをはかりながら北《きた》へ向《む》かって進《すす》みました。

忠敬《ただたか》のはかり方《かた》の特長《とくちょう》は、そのていねいさにありました。

方角《ほうがく》は、山《やま》などを目印《めじるし》に、つえの先《さき》につけたじ石《しゃく》ではかります。かならず

二度《ど》、場所《ばしょ》をかえて計測《けいそく》し、まちがいのないようにしました。

きょりは、五十歳《さい》からきたえた足《あし》で歩《ある》いてはかります。

「一歩《ぽ》、二歩《ほ》、三歩《ぽ》、四……。」

忠敬《ただたか》の一歩《ぽ》は、約《やく》七十センチメートル。歩数《ほすう》を数《かぞ》え、一歩分《ぽぶん》に歩数《ほすう》をかけ、歩《ある》いたきょりを計算《けいさん》します。たとえば、十歩《ぽ》なら約《やく》七メートルです。

夜《よる》は宿《やど》で記録《きろく》をつけ、晴《は》れた夜《よる》は、星《ほし》でも方角《ほうがく》をたしかめ……。江戸《えど》から

津軽《つがる》（青森県西部《あおもりけんせいぶ》）までの八百《ぴゃく》キロメートルを、二十一日《にち》で歩《ある》きました。だいたい、一日約《にちやく》四十キロメートルを歩《ある》くという、休《やす》むひまのない旅《たび》でした。

蝦夷《えぞ》に着《つ》いてからは、もっと大変《たいへん》でした。海岸線《かいがんせん》の近《ちか》くは、けわしい道《みち》ばかり。やぶかの大群《たいぐん》がおそってきます。かえのぞうりもぬれ、すりきれても、新《あたら》しいぞうりは買《か》えません。

「伊能様《いのうさま》、道《みち》がありません。」

「船《ふね》を出《だ》して、海《うみ》からはかろう。」

「この地形《ちけい》では、船《ふね》も出《だ》せません。てきとうにかいておきましょうか。」

「それはならん。」

「それでは、地図《ちず》ができませんよ。」

「『はかれなかった』と、かこうではないか。」

忠敬《ただたか》は、地図《ちず》をてきとうにかくことはしませんでした。はかれなかった場所《ばしょ》には、「不測量《ふそくりょう》（はかっていない）」と、はっきりと記《しる》しました。

手《て》つだいの人《ひと》が足《た》りず、蝦夷《えぞ》は南側《みなみがわ》の海岸線《かいがんせん》しかはかれませんでしたが、忠敬《ただたか》の地図《ちず》は「しんらいできる」とひょうばんになり、また地図作《ちずづく》りの旅《たび》に出《で》ることになりました。今度《こんど》は関東地方《かんとうちほう》です。忠敬《ただたか》は、全部《ぜんぶ》で十回《かい》に分《わ》けて、日本をはかりましたが、なるべくやり方《かた》をかえないようにしていました。かえてしまうと、くるいが出《で》るからです。でも、きょりのはかり方《かた》だけは、歩《ある》いてはかる歩測《ほそく》から、なわではかる『間《けん》なわ』や、長《なが》さ三十センチメートルの鉄《てつ》のぼうをつなぐ『鉄《てっ》さ（鉄《てつ》のくさり）』にかえました。

「伊能様《いのうさま》、どうして『鉄《てっ》さ』にこだわるのですか。それより『間《けん》なわ』にしませんか。なわですから、鉄《てつ》よりも軽《かる》いですよ。」

「……いや、なるべく『鉄《てっ》さ』を使《つか》ったほうがよい。」

「『間《けん》なわ』は、幕府《ばくふ》も測量《そくりょう》に使《つか》っています。手軽《てがる》にはかれるから、地図《ちず》も早《はや》く仕上《しあ》がり、きっと、ほめられる……。」

「だが、『間《けん》なわ』は、雨《あめ》でのびるだろう。一方《いっぽう》、『鉄《てっ》さ』なら、のびちぢみしない。大変《たいへん》でも、きちんとはかれる道具《どうぐ》を使《つか》おうではないか。」

忠敬《ただたか》は、日本全国《ぜんこく》の地図作《ちずづく》りをまかされるようになっていきました。手《て》つだいの人《ひと》もふえ、はかり方《かた》は、ますますていねいになっていきました。

地球《ちきゅう》一周分《しゅうぶん》の長《なが》さも、計算《けいさん》しなおしました。出《だ》した答《こた》えは、三万《まん》九千《せん》八百《ぴゃく》七十キロメートル。けっかは……。高橋先生《たかはしせんせい》から手紙《てがみ》が来《き》ました。

『伊能《いのう》さん、やりましたね。世界最新《せかいさいしん》のけっかと、かわらないですよ。』

忠敬《ただたか》の計算《けいさん》した地球《ちきゅう》一周分《しゅうぶん》の長《なが》さは、

二百年《ひゃくねん》たった今《いま》、見直《みなお》しても、ほとんどまちがいがありません。忠敬《ただたか》は、十七年《ねん》かけて、日本のほとんどをはかりました。はかるために歩《ある》いたきょりは、なんと、約四万《やくよんまん》キロメートル。地球一周《ちきゅういっしゅう》と同《おな》じくらいです。

忠敬《ただたか》は、地図作《ちずづく》りの仕上《しあ》げのころ、七十四歳《さい》でなくなってしまいました。でも、そのていねいな仕事《しごと》ぶりは、弟子《でし》たちに受《う》けつがれました。

忠敬《ただたか》の死《し》から三年後《ねんご》、ついに大図《だいず》、中図《ちゅうず》、小図《しょうず》の三種類《しゅるい》の地図《ちず》がかんせいしました。大図《だいず》は、日本を二百《ひゃく》十四まいに分《わ》けたもので、大図《だいず》一まいがたたみ一まいほどもある、大《おお》きなものです。中図《ちゅうず》、小《しょう》図《ず》も、測量《そくりょう》をもとに作《つく》られた力作《りきさく》です。地図作《ちずづく》りの旅《たび》を始《はじ》めてから、二十一年《ねん》の年月《ねんげつ》が流《なが》れていました。

これらの地図《ちず》は、「伊能図《いのうず》」と名《な》づけられ、その後《ご》、明治《めいじ》、大正《たいしょう》と百年《ひゃくねん》もの間《あいだ》、国《くに》の地図作《ちずづく》りのもととなりました。その正確《せいかく》さは、今《いま》のわたしたちのほうがもっとよくわかるかもしれません。かんたんな道具《どうぐ》で作《つく》ったのに、現代《げんだい》の地図《ちず》や、うちゅうからとった写真《しゃしん》とほとんどかわらないのです。

伊能忠敬《いのうただたか》は、ていねいに、ねばり強《づよ》く仕事《しごと》をつづけて、二百年前《ひゃくねんまえ》に作《つく》られたとは思《おも》えないような、すばらしい地図《ちず》を作《つく》ることができたのです。

伊能忠敬《いのうただたか》
（一七四五〜一八一八年《ねん》）

地球《ちきゅう》一周《しゅう》のはかり方《かた》

地球儀《ちきゅうぎ》を見《み》ると、たてと横《よこ》に線《せん》が引《ひ》かれています。忠敬《ただたか》が知《し》りたかったのは、このたての線《せん》一周《しゅう》の長《なが》さです。

まずは「北極星《ほっきょくせい》」が見《み》える高《たか》さを角度《かくど》ではかります。そこから真北《まきた》へ進《すす》み、星《ほし》の角度《かくど》が一度《ど》ちがう場所《ばしょ》まで行《い》きます。この二か所《しょ》のきょりをはかります。

これは「地球《ちきゅう》の円《えん》の一度分《どぶん》の長《なが》さ」で、三百《びゃく》六十をかけると「地球《ちきゅう》一周《しゅう》の長《なが》さ」がわかります。一度分《どぶん》のきょりをどこまで正確《せいかく》にはかれるかが、重要《じゅうよう》でした。

おうちの方へ

塩谷 京子

◇◇◇

三年生になると国語辞典の引き方を習います。三年生の子どもにとって、辞典というのは、どういう意味をもつのでしょうか。

先日、三年生に国語辞典の授業を行いました。国語科や社会科で使いそうな言葉をいくつか提示し、意味の予想を立ててから引いてみるという取りくみです。例えば、「姉妹都市」「段落」は、それぞれ「女だけが住んでいる都市」「階段で落ちること」と、予想する子が結構いるのです。これらの言葉は日常会話ではほとんど使わないため、子どもは漢字のもつ経験的なイメージで意味を把握し、なんとなく知っている言葉として、とらえているのです。

授業では、早く引くというより、予想を立てて引くことに主眼を置いていいます。意味の違いにがくぜんとしたり、似ていてほっとしたりするなど、辞典を引いて意味を理解したあとの実感を大切にしたいからです。辞典を引いて本来の意味を知ったり、文脈から意味を予想したりすることは、今後、意欲的に語彙を獲得する土台となります。予想を立てて引くという経験を通して、国語辞典は三年生の子どもの道具の一つとして、なくてはならないものになっていくのです。

このような年齢だからこそ、三年生の伝記の文章は低学年のものと異なり、主人公の言動や心情を多様な言葉を使って表現するようにしています。文字数も多く、知らない言葉も入っていますが、その分、主人公の生き方がより強く、深く、伝わるはずです。また、こういう言葉がお話の鍵になっている場合も多くあります。

おうちの方から鍵になる言葉を何気なく話題にするのもよし、お子さんが新しい言葉を使ったら「どういう意味？」と尋ねてみるのもよし……。おうちの方が、お子さんの口から出る言葉に敏感になると、今まで見えなかった「言葉を獲得していく過程」を垣間見ることができます。そんな時間をぜひつくってみてください。

塩谷京子（しおや きょうこ）

静岡県生まれ。
関西大学大学院総合情報学研究科 博士課程修了 博士（情報学）。
静岡市公立小学校教諭、関西大学初等部教諭（中高等部兼務）を経て、
現在、放送大学客員准教授。

〈 主な著書 〉

『探究の過程における　すぐ実践できる情報活用スキル55』（単著）ミネルヴァ書房
『司書教諭の実務マニュアル　シオヤ先生の仕事術』（単著）明治図書出版
『小学校　明日からできる！　読書活動アイデア事典』（共著）明治図書出版
『本をもっと楽しむ本ー読みたい本を見つける図鑑』全４巻（監修）学研
『しらべる力をそだてる授業！』（共著）ポプラ社

監修　塩谷京子

表紙絵　スタジオポノック／山下明彦　©STUDIO PONOC

装丁・デザイン　株式会社マーグラ

編集協力　グループ・コロンブス（偉人のとびら）　近野十志夫（偉人のとびら）　入澤宣幸　勝家順子

写真提供　伊能忠敬記念館

肖像絵　角愼作

よみとく10分

10分で読める伝記　3年生

2011年７月24日　第１刷発行
2019年10月15日　増補改訂版第１刷発行
2023年１月30日　増補改訂版第８刷発行

発行人　土屋　徹
編集人　代田雪絵
企画編集　井上　茜　西田恭子　矢部絵莉香
発行所　株式会社Gakken
〒141-8416　東京都品川区西五反田 2-11-8
印刷所　凸版印刷株式会社

【編集部より】
※本書は、『10分で読める伝記３年生』（2011年刊）を増補改訂したものです。
※この本は、2019年９月現在の情報にもとづいた内容になっていますが、内容によっては異なる説もあります。また、人物の言葉や一部のエピソードは、設定や史実をもとに想定したものです。挿絵は史実にもとづきながらも、小学生が楽しめるよう、親しみやすく表現しています。

【この本に関する各種お問い合わせ先】
• 本の内容については、下記サイトのお問い合わせフォームよりお願いします。
https://www.corp-gakken.co.jp/contact/
• 在庫については　Tel 03-6431-1197（販売部）
• 不良品（落丁、乱丁）については　Tel 0570-000577
学研業務センター　〒354-0045 埼玉県入間郡三芳町上富 279-1
• 上記以外のお問い合わせは　Tel 0570-056-710（学研グループ総合案内）

ここからは、本《ほん》のうしろから読《よ》んでね。

173ページ
伊能忠敬

伊能忠敬《いのうただたか》の道具《どうぐ》をしょうかい！

全国《ぜんこく》を歩《ある》いて正確《せいかく》な日本地図《ちず》を作《つく》った伊能忠敬《いのうただたか》は、どんな道具《どうぐ》を使《つか》っていたのかな。忠敬《ただたか》が考《かんが》えた道具《どうぐ》を見《み》てみよう。

鉄《てっ》さ

きょりをはかる鉄《てつ》の道《どう》具《ぐ》。重《おも》いけれど、くるいが出《で》ませんでした。

半円方位《はんえんほうい》ばん

目印《めじるし》となる遠《とお》くの山《やま》や島《しま》などの方角《ほうがく》を、正確《せいかく》にはかる道具《どうぐ》です。

量《りょう》てい車《しゃ》

歩《ある》きながら転《ころ》がすことにより、歩《ある》いたきょりをはかりました。

ガリレオめいろ〈偉人《いじん》のとびら③〉の答《こた》え

リンカーンのうそほんとクイズ〈偉人《いじん》のとびら⑥〉の答《こた》え

Q1 ほんと。リンカーンをおうえんしていたグレース・ベデルという11歳《さい》の女《おんな》の子《こ》が、手紙《てがみ》でアドバイスをしました。

Q2 ほんと。身長《しんちょう》193㎝でした。アメリカのれきし上《じょう》、もっとも身長《しんちょう》の高《たか》い大統領《だいとうりょう》です。

Q3 うそ。リンカーンのしょうぞう画《が》は、5ドル紙《し》へいの絵《え》がらになりました。

Q4 ほんと。大統領《だいとうりょう》になってからも、だれにでも同《おな》じたいどでせっし、よく、じょうだんを言《い》っていました。

159ページ
豊臣秀吉

豊《とよ》臣《とみ》秀《ひで》吉《よし》ってどんな人《ひと》だった？

天下統一《てんかとういつ》をなしとげた豊臣秀吉《とよとみひでよし》は、いろいろな戦術《せんじゅつ》で有名《ゆうめい》だよ。
また、意外《いがい》な一面《いちめん》もあったんだ。

まるでマジシャン!?

てきをあざむく作戦《さくせん》がとくいでした。城《しろ》ができあがる直前《ちょくぜん》までまわりを木《き》でおおい、一晩《ひとばん》で山上《さんじょう》に城《しろ》をつくったと見《み》せかけたり、相手《あいて》の城《しろ》のまわりにていぼうをつくって水《みず》で孤立《こりつ》させたりしました。

ぬかりない政治《せいじ》

農民《のうみん》から武器《ぶき》を取《と》りあげ、はむかえないようにしたり、土地《とち》や米《こめ》のはかり方《かた》を定《さだ》め、不公平《ふこうへい》にならないようにしたりしました。

茶道《さどう》がすき

茶会《ちゃかい》がすきで、お茶《ちゃ》で客《きゃく》をもてなす部屋《へや》を、金《きん》でかざったのも有名《ゆうめい》です。かべや天《てん》じょう、お茶《ちゃ》の道具《どうぐ》まで、すべて金色《きんいろ》でした。

見《み》た目《め》は動物系《どうぶつけい》？

秀吉《ひでよし》は、さるににていたといわれています。ほかにも「はげねずみ」とよばれることもありました。

145ページ
リンカーン

リンカーンのうそほんとクイズ

本当《ほんとう》の自由《じゆう》と平等《びょうどう》の国《くに》を目指《めざ》したリンカーンのことを、もっとよく知《し》ろう。下《した》のエピソードは、それぞれ、うそ・ほんと どちらかな。

Q1

リンカーンに、あごひげを生《は》やすようにアドバイスしたのは、11歳《さい》の女《おんな》の子《こ》でした。

Q2

リンカーンはとても背《せ》が高《たか》く、身長《しんちょう》が190cm以上《いじょう》ありました。

Q3

リンカーンのしょうぞう画《が》は、アメリカの5セントこうかの絵《え》がらになりました。

Q4

リンカーンは、わかいころから、じょうだんで人《ひと》をわらわせるのが大《だい》すきでした。

答《こた》えは偉人《いじん》のとびら⑧へ

87ページ
アンデルセン

アンデルセンのどの童話《どうわ》？

下《した》の5つの絵《え》は、アンデルセンの童話《どうわ》の一場面《いちばめん》。
□にひらがなを入《い》れて、お話《はなし》の題名《だいめい》をかんせいさせてね。

ア
に□□□□□

イ
□□□の□□□□

ウ
□□□□□の□
□□□□

エ
□□い□□

オ
お□□□□□

答《こた》え　ア　にんぎょひめ　イ　はだかのおうさま　ウ　みにくいあひるのこ　エ　あかいくつ　オ　おやゆびひめ

マザー・テレサの人生《じんせい》をたどってみよう！

左《ひだり》は、マザー・テレサの人生《じんせい》で起《お》こったできごとだよ。お話《はなし》を思《おも》いだしながら、そのときテレサが思《おも》ったことを、右《みぎ》からえらぼう。

できごと

1. 教会《きょうかい》で、インドのまずしい人《ひと》たちのことを聞《き》く。
2. 修道院《しゅうどういん》に入《はい》って「テレサ」という名前《なまえ》をもらい、インドのカルカッタにわたる。
3. 学校《がっこう》の先生《せんせい》をやめ、スラムで多《おお》くの病人《びょうにん》の手当《てあ》てをする。
4. スラムの子《こ》どもたちを集《あつ》めて青空教室《あおぞらきょうしつ》を始《はじ》める。
5. 男《おとこ》の子《こ》がまずしい人《ひと》のためにさとうを持《も》ってくる。
6. 来日《らいにち》して、子《こ》どもたちにマザーのようにインドで活動《かつどう》したいと言《い》われる。

テレサが思《おも》ったこと

ア 道《みち》でくらして死《し》んでいく人《ひと》たちをなんとかしたい。

イ こまっている人《ひと》のためにわたしも何《なに》かしたい。

ウ お金《かね》はないけれど、この子《こ》たちにしてあげられることがある。

エ わたしたちの行《おこな》いは1てきの水《みず》。でも、水《みず》がなければ海《うみ》も生《う》まれない。

オ まず、となりの友《とも》だちを助《たす》けることから始《はじ》めてみて。

カ みんなの愛《あい》の輪《わ》がかくじつに広《ひろ》がっている。

答《こた》え　1ーイ　2ーア　3ーエ　4ーウ　5ーカ　6ーオ

ガリレオ めいろ

ガリレオの人生《じんせい》をめいろでふりかえろう。望遠鏡《ぼうえんきょう》 → 本《ほん》 → 教会《きょうかい》 を通《とお》って、ゴールまで行《い》けるかな。

同《おな》じ道《みち》は1回《かい》しか通《とお》れないよ。

答《こた》えは偉人《いじん》のとびら⑧へ

10ページ
ノーベル

ノーベル賞《しょう》って、どんな人《ひと》たちがもらっているの？

発明家《はつめいか》ノーベルの思《おも》いが受《う》けつがれるノーベル賞《しょう》。
これまで、どんな人《ひと》たちが受賞《じゅしょう》してきたのか、見《み》てみよう。

女性《じょせい》ではじめて

マリー・キュリー

物質《ぶっしつ》がとくべつな光《ひかり》を出《だ》すせいしつ、「放射能《ほうしゃのう》」について研究《けんきゅう》し、1903年《ねん》に物理学賞《ぶつりがくしょう》で、女性初《じょせいはつ》のノーベル賞受賞者《しょうじゅしょうしゃ》となりました。1911年《ねん》には化学賞《かがくしょう》も受賞《じゅしょう》しました。

湯川秀樹《ゆかわひでき》

すべての物質《ぶっしつ》は、目《め》に見《み》えないとても小《ちい》さな「原子《げんし》」からできています。この原子《げんし》のなりたちについて研究《けんきゅう》した湯川秀樹《ゆかわひでき》は、1949年《ねん》に物理学賞《ぶつりがくしょう》を受賞《じゅしょう》。これが日本人《じん》としてはじめての受賞《じゅしょう》となりました。

日本人《じん》ではじめて

3回《かい》も受賞《じゅしょう》

赤十字国際委員会《せきじゅうじこくさいいいんかい》

せんそうのときなどに、てき味方《みかた》なく人《ひと》びとを助《たす》ける活動《かつどう》を行《おこな》う組《そ》しきです。1917年《ねん》、44年《ねん》、63年《ねん》の3回《かい》、平和賞《へいわしょう》を受賞《じゅしょう》。もとをつくったのはアンリー・デュナンです。

偉《い》人《じん》のとびら

伝記《でんき》に出《で》てきた偉人《いじん》たちを、
クイズやエピソードで、もっとくわしく学《まな》ぼう!

絵・なかさこかずひこ!